조선총독부 편찬 (1923~1924)

『普通學校國語讀本』

第二期 한글번역 ❷

(3학년용)

김순전 · 박장경 · 김현석 譯

≪ 목차 ≫

卷六 (3학년 2학기, 1923)

序文

1. '조선총독부 편찬(1923~1924) 『普通學校 國語讀本』第二期 한글번역' 발간의 의의

베네딕트 앤더슨은 '국민국가'란 절대적인 존재가 아니라 상대적인 것이며 '상상된 공동체'라 하였는데, 이러한 공동체 안에서 국민국가는 그 상대성을 극복하기 위하여 학교와 군대, 공장, 종교, 문학 그 밖의 모든 제도와 다양한 기제들을 통해 사람들을 국민화 하였다. '근대국가'라는 담론 속에서 '국민'이란 요소는 이미 많은 사람들에 의해 연구되어져 왔고, 지금도 끊임없이 연구 중에 있다. 근대 국민국가의 이러한 국민화는 '국가'라는 장치를 통해 궁극적으로는 국가의 원리를 체현할 수 있는 개조된 국민을 이데올로기 교육을 통하여 만들어 내는 데 있다.

교과서는 무릇 국민교육의 정화(精華)라 할 수 있으며, 한 나라의 역사진행과 불가분의 관계를 가지고 있다. 따라서 교과서를 통하여 진리탐구는 물론, 사회의 변천 또는 당시의 문명과 문화 정도를 파악할 수 있고, 무엇보다 중요한 한 시대의 역사 인식 즉, 당시 기성세대는 어떤 방향으로 국민을 이끌어 가려 했고, 그 교육을 받은 세대(世代)는 어떠한 비전을 가지고 새 역사를 만들어가려 하였는지도 판독할 수 있다. 이렇듯 한 시대의 교과서는 후세들의 세태판독과 미래창조의 설계를 위한 자료적 측면에서도 매우 중요하다.

이에 일제강점기 조선의 초등학교에서 사용되었던 朝鮮總督府 編纂『普通學校國語讀本』(1923~1924) 번역서를 정리하여 발간하는 일은 한국근대사 및 일제강점기 연구에 크게 기여할 수 있는 필수적 사항이다. 이는 그동안 사장되었던 미개발 자료의 일부를 발굴하여 체계적으로 정리해 놓는 일의 출발로서 큰 의의가 있을 것이다. 이로써 한국학(韓國學)을 연구하는 데 필요한 자료를 제공함은 물론, 나아가서는 1907년부터 1945년 8월까지 한국에서의 일본어 교육과정을 알 수 있는 자료적 의미도 크다. 특히 1960년대부터 시작된 한국의 일본학연구 분야에서 새로운 지평을 여는 데 하나의 방향 및 대안을 제시할 수 있으리라 생각한다.

우리는 지금까지 "일본이 조선을 강제로 합병하여 식민통치를 했다."는 개괄적인 이야기는 수없이 들어왔으나, 그에 대한 구체적인 사례나 실체는 볼 수 없었거나 드물었다고 할 수 있을 것이다.

따라서 일제강점기 조선아동용 일본어 입문 교과서인『普通學校國語讀本』에 대한 재조명은 '일본이 조선에서 일본어를 어떻게 가르쳤는가?'를 실제로 보여주는 작업이 될 것이며, 또한 이 시대를 사는 우리들이 과거 긴박했던 세계정세의 흐름을 돌아봄으로써 오늘날 급변하는 세계에 대처해 나갈 능력을 키울 수 있으리라고 본다. 이를 기반으로 일제의 식민지정책의 변화 과정과 초등교과서의 요소요소에 스며들어 있는 일본문화의 여러 양상을 구체적으로 파악하고, 새로운 시점에서 보다 나은 시각으로 당시의 모든 문화와 역사, 나아가 역사관을 구명할 수 있는 기초자료로 활용되기를 기대한다.

2. 근대 조선의 일본어 교육

1) 일본의 '国語' 이데올로기

근대에 들어와서 국가는 소속감, 공통문화에 대한 연대의식과 정치적 애국심을 바탕으로 강력한 국민국가의 형태로 나타나게 되었고, 외세의 침입으로부터 국가를 보호하기 위해 국민을 계몽하고 힘을 단합시키는 데 국가적 힘을 결집하게 된다. 그리고 국가가 필요로 하는 국민을 만들기 위해 공교육제도를 수립하고, 교육에 대한 통제를 강화하여 교육을 국가적 기능으로 편입시키게 된다.

국가주의는 국민(nation)의 주체로서 구성원 개개인의 감정, 의식, 운동, 정책, 문화의 동질성을 기본으로 하여 성립된 근대 국민국가라는 특징을 갖고 있다. 국가주의의 가장 핵심적인 요소는 인종, 국가, 민족, 영토 등의 객관적인 것이라고 하지만 公用語와 문화의 동질성에서 비롯된 같은 부류의 존재라는 '우리 의식'(we~feeling) 내지 '自覺'을 더욱 중요한 요인으로 보는 것이 일반적이다. 여기에서 더 나아가 '우리 의식'과 같은 국민의식은 국가를 위한 운동, 국가 전통, 국가 이익, 국가 안전, 국가에 대한 사명감(使命感) 등을 중시한다. 이러한 국민의식을 역사와 문화 교육을 통해 육성시킴으로써 강력한 국가를 건설한 예가 바로 독일이다. 근대 국민국가의 어떤 특정한 주의, 예를 들면 독일의 나치즘(Nazism), 이탈리아의 파시즘(Fascism), 일본의 쇼비니즘(Chauvinism)은 맹목적인 애국주의와 국수주의적인 문화 및 민족의식을 강조하고, 이러한 의식을 활용하여 제국적인 침략주의로 전락하고 있는 것도 또 하나의 특징이다.

'Ideology'란 용어는 Idea와 Logic의 합성어로 창의와 논리의 뜻을 담고 있다. Engels와 Marx의 이념 정의를 요약하면, "자연, 세계, 사회 및 역사에 대해 가치를 부여하고 그 가치성을 긍정적, 부정적으로 평가하는 동의자와 일체감을 형성하여 그 가치성을 행동으로 성취하는 행위"[1]라는 것이다. 따라서 Ideology란 '개인의 의식 속에 내재해 있으면서도 개인의식과는 달리 개인이 소속한 집단, 사회, 계급, 민족이 공유하고 있는 〈공동의식〉, 즉 〈사회의식〉과 같은 것'이라 할 수 있다.

메이지유신 이후 주목할 만한 변화를 보면, 정치적으로는 〈國民皆兵制〉(1889)가 실시되고, 〈皇室典範〉(1889)이 공포되어 황실숭상을 의무화하는가 하면, 〈大日本帝國憲法〉(1889)이 반포되어 제국주의의 기초를 마련한다. 교육적으로는 근대 교육제도(學制, 1872)가 제정 공포되고, 〈教育勅語〉(1890)와 「기미가요(君が代)」(1893) 등을 제정하여 제정일치의 초국가주의 교육체제를 확립하였으며,[2] 교과서정책 또한 메이지 초기 〈自由制〉, 1880년 〈開申制(届出制)〉, 1883년 〈認可制〉, 그리고 1886년 〈検定制〉를 거쳐, 1904年 〈国定教科書〉 정책으로 규제해 나간다.

우에다 가즈토시(上田萬年)가 주장했던 '母語 = 国語' 이데올로기는, 일본어의 口語에 의해, 보다 구체화되었다. 그러나 그 중핵은 학습에 의해서만 습득할 수 있는 극히 인위적인 언어였음에도 불구하고 근대일본의 여러 제도(교육, 법률, 미디어 등)는, 이 口語에 의해 유지되어, '母語 = 国語' 이데올로기로 확대 재생산되기에 이르렀으며, 오늘날에도 '일본어 = 국어'는 일본인에 있어서 대단히 자명한 사실인 것처럼 받아들여지고 있다.

일본은 국가신도(國家神道)를 통하여 일본인과 조선인에게 천황신성사상의 이데올로기를 심어주려 하였다. 만세일계의 황통이니, 팔굉일우(八紘一宇)니, 국체명징(國體明徵)이니, 기미가요(君が代) 등으로 표현되는 천황에 대한 충성심과 희생정신이 일본국가주의의 중심사상으로 자리 잡게 된

---

1) 高範瑞 외 2인(1989),『現代 이데올로기 總論』, 학문사, pp.11~18 참조.

2) 黃惠淑(2000),「日本社會科教育의 理念變遷研究」, 韓國教員大學校 大學院 博士學位論文, p.1

것이다. 즉, '명령과 절대복종'식의 도덕성과 충군애국사상을 교육을 통해서 심어주고자 한 것이 '국가주의'에 의한 일본식 교육이었음을 알 수 있다.

2) 합병 後 조선의 교육제도와 일본어 교육

조선에서의 일본어 교육은 식민지라는 특수한 상황에서 일본식 풍속미화의 동화정책을 시행하기 위해 가장 기본적인 수단으로 중요시되었다. 이는 말과 역사를 정복하는 것이 동화정책의 시작이요 완성이라는 의미이다.

1910년 8월 29일, 한국은 일본에 합병되었으며, 메이지천황의 합병에 관한 조서(詔書)는 다음과 같다.

> 짐은 동양의 평화를 영원히 유지하고 제국의 안전을 장래에 보장할 필요를 고려하여·····조선을 일본제국에 합병함으로써 시세의 요구에 응하지 않을 수 없음을 염두에 두어 이에 영구히 조선을 제국에 합병하노라··· 下略···3)

일제는 한일합병이 이루어지자 〈大韓帝國〉을 일본제국의 한 지역으로 인식시키기 위하여 〈朝鮮〉으로 개칭(改稱)하였다. 그리고 제국주의 식민지 정책 기관으로 〈朝鮮總督府〉를 설치하고, 초대 총독으로 데라우치 마사타케(寺內正毅)를 임명하여 무단정치와 제국신민 교육을 병행하여 추진하였다. 따라서 일제는 조선인 교육정책의 중점을 '점진적 동화주의'에 두고 풍속미화(풍속의 일본화), 일본어 사용, 국정교과서의 편찬과 교원양성, 여자교육과 실업교육에 주력하여 보통교육으로 관철시키고자 했다. 특히 일제

---

3) 教育編纂会『明治以降教育制度発達史』 第十巻 1964년 10월 p.41(필자 번역, 이하 동). 朝鮮教育硏究會, 『朝鮮教育者必讀』, 1918년, pp.47~48 참고

보통교육 정책의 근간이 되는 풍속미화는 황국신민의 품성과 자질을 육성하기 위한 것으로 일본의 국체정신과 이에 대한 충성, 근면, 정직, 순량, 청결, 저축 등의 습속을 함양하는 데 있었다. 일본에서는 이를 〈통속교육위원회〉라는 기구를 설치하여 사회교화라는 차원에서 실행하였는데, 조선에서는 이러한 사회교화 정책을 보통학교를 거점으로 구상했다는 점이 일본과 다르다 할 수 있다.[4)]

조선총독부는 한국병합 1년 후인 1911년 8월 24일 〈朝鮮教育令〉[5)]을 공포함으로써 교육령에 의한 본격적인 동화교육에 착수한다. 초대 조선총독 데라우치 마사타케(寺内正毅)의 교육에 관한 근본방침을 근거로 한 〈朝鮮教育令〉은 全文 三十條로 되어 있으며, 그 취지는 다음과 같다.

> 조선은 아직 일본과 사정이 같지 않아서, 이로써 그 교육은 특히 덕성(德性)의 함양과 일본어의 보급에 주력함으로써 황국신민다운 성격을 양성하고 아울러 생활에 필요한 지식 기능을 교육함을 본지(本旨)로 하고…… 조선이 제국의 융운(隆運)에 동반하여 그 경복(慶福)을 만끽함은 실로 후진 교육에 중차대한 조선 민중을 잘 유의시켜 각자 그 분수에 맞게 자제를 교육시켜 成德 達才의 정도에 따라야 할 것이며, 비로소 조선의 민중은 우리 皇上一視同仁의 홍은(鴻恩)을 입고, 一身一家의 福利를 향수(享受)하고 人文 발전에 공헌함으로써 제국신민다운 열매를 맺을 것이다.[6)]

이에 따라 교사의 양성에 있어서도 〈朝鮮教育令〉에 의하여, 구한말 고종의 〈교육입국조서〉의 취지에 따라 설립했던 기존의 '한성사범학교'를 폐지

---

4) 정혜정・배영희(2004),「일제 강점기 보통학교 교육정책연구」,『教育史學 研究』, 서울대학교 教育史學會 편, p.166 참고

5) 教育編纂会(1964, 10)『明治以降教育制度発達史』 第十巻, pp.60~63

6) 조선총독부(1964, 10),『朝鮮教育要覽』, 1919년 1월, p.21. 教育編纂会 『明治以降教育制度発達史』 第十巻, pp.64~65

하고, '관립고등보통학교'와 '관립여자고등보통학교'를 졸업한 자를 대상으로 1년간의 사범교육을 실시하여 배출하였다. 또한 부족한 교원은 '경성고등보통학교'와 '평양고등보통학교'에 부설로 수업기간 3개월의 임시교원 속성과를 설치하여 〈朝鮮教育令〉의 취지에 맞는 교사를 양산해 내기에 이른다.

데라우치 마사타케가 제시한 식민지 교육에 관한 세 가지 방침은 첫째, '조선인에 대하여 〈教育勅語〉(Imperial rescript on Education)의 취지에 근거하여 덕육을 실시할 것' 둘째, '조선인에게 반드시 일본어를 배우게 할 것이며 학교에서 教授用語는 일본어로 할 것.' 셋째, '조선인에 대한 교육제도는 일본인과는 별도로 하고 조선의 時勢 및 民度에 따른 점진주의에 의해 교육을 시행하는 것'이었다.

〈제1차 조선교육령〉(1911)에 의거한 데라우치 마사타케의 교육방침은 "일본인 자제에게는 학술, 기예의 교육을 받게 하여 국가융성의 주체가 되게 하고, 조선인 자제에게는 덕성의 함양과 근검을 훈육하여 충량한 국민으로 양성해 나가는 것"[7]으로, 이를 식민지 교육의 목표로 삼았다. 데라우치는 이러한 교육목표를 내세우며, 일상생활에 '필수(必須)한 知識技能'을 몸에 익혀 실세에 적응할 보통교육을 강조하는 한편, 1911년 11월의 「일반인에 대한 유고(諭告)」에서는 '덕성을 함양하고 일본어를 보급하여 신민을 양성해야 한다'고 '교육의 필요성'을 역설하기도 했다. 이에 따라 보통학교의 교육연한은 보통학교 3~4년제, 고등보통학교 4년제, 여자고등보통학교 3년제로 정해졌으며, 이와 관련된 사항을 〈朝鮮教育令〉에 명시하였다.

한편 일본인학교의 교육연한은 초등학교 6년제, 중학교 5년제, 고등여학교 5년제(1912년 3월 府令 제44호, 45호)로, 조선인과는 다른 교육정책으로 복선형 교육제도를 실시하였음을 알 수 있다. 〈제1차 조선교육령〉과 〈보

---

7) 정혜정 · 배영희(2004), 위의 논문, p.167

통학교시행규칙〉에 의한 보통학교 교과목과 교과과정, 그리고 수업시수를 〈표 1〉로 정리하였다.[8)]

〈표 1〉 〈제1차 조선교육령〉 시기 보통학교 교과과정과 매주 교수시수(1911~1921)[9)]

학년 / 과목	1학년		2학년		3학년		4학년	
	과정	시수	과정	시수	과정	시수	과정	시수
수신	수신의 요지	1	좌동	1	좌동	1	좌동	1
국어	독법, 해석, 회화, 암송, 받아쓰기, 작문, 습자	10	좌동	10	좌동	10	좌동	10
조선어及한문	독법, 해석, 받아쓰기, 작문, 습자	6	좌동	6	좌동	5	좌동	5
산술	정수	6	좌동	6	좌동, 소수, 제등수, 주산	6	분수, 비례, 보합산, 구적, 주산	6
이과					자연계의 사물현상 및 그 의 이용	2	좌동, 인신생리 및 위생의 대요	2
창가	단음창가	3	좌동	3	좌동	3	좌동	3
체조	체조, 보통체조				좌동		좌동	
도화	자재화				좌동		좌동	
수공	간이한 세공				좌동	2	좌동	2
재봉及수공	운침법, 보통의류의 재봉, 간이한 수예		보통의류의 재봉법, 선법, 간이한 수예		좌동 및 의류의 선법		좌동	
농업초보					농업의 초보 및 실습		좌동	
상업초보					상업의 초보		좌동	
계		26		26		27		27
국어/전체시수(%)		**38**		**38**		**37**		**37**

8) 朝鮮教育會(1935), 『朝鮮學事例規』, pp.409~410 참조

9) 〈표 1〉은 김경자 외 공저(2005), 『한국근대초등교육의 좌절』, p.77을 참고하여 재작성하였음.

〈표 1〉에서 알 수 있듯이 1, 2학년의 교과목에는 수신, 국어, 조선어및한문, 산술, 창가에 시수를 배정하였으며, '체조', '도화', '수공'과, '재봉및수공(女)'과목은 공식적으로 시수를 배정하지 않았다. 그러나 교과과정을 명시하여 교사의 재량 하에 교육과정을 이수하게 하였다. 그리고 3, 4학년과정에서 '조선어및한문'을 1시간을 줄이고 '수공'에 2시간을 배정함으로써 차츰 실용교육을 지향하고 있음을 보여준다.

가장 주목되는 것은 타 교과목에 비해 압도적인 시수와 비중을 차지하고 있는 '國語(일본어)' 과목이다. 특히 언어교육이란 지배국의 이데올로기를 담고 있기 때문에 일본어교육은 일제가 동화정책의 출발점에서 가장 중요시하였던 부분이었다. 〈표 1〉에서 제시된 '國語'과목의 주된 교과과정은 독법, 회화, 암송, 작문, 습자 등으로 일본어교육의 측면만을 드러내고 있다. 그런데 교과서의 주된 내용이 일본의 역사, 지리, 생물, 과학을 포괄하고 있을 뿐만 아니라, 일본의 사상, 문화, 문명은 물론 '실세에 적응할 보통교육' 수준의 실용교육에 까지 미치고 있어, '國語'교과서만으로도 타 교과목의 내용을 학습하도록 되어 있어 식민지교육을 위한 종합교과서라고 볼 수 있다. 그런만큼 40%에 가까운 압도적인 시수를 배정하여 집중적으로 교육하였음은 당연한 일이었을 것이다.

3. 〈제2차 조선교육령〉 시기의 일본어 교육

1) 3 · 1 독립운동과 〈제2차 조선교육령〉

합병 후 일제는 조선총독부를 설치하고 무단 헌병정치로 조선민족을 강압하였다. 육군대신 출신이었던 초대 총독 데라우치 마사타케(寺内正毅)에서 육군대장 하세가와 요시미치(長谷川好道)총독으로 계승된 무단통치는 조선인들의 반일감정을 고조시켰으며, 마침내 〈3・1독립운동〉이라는 예상치 못한 결과를 초래했다.

일제는 일제의 침략에 항거하는 의병과 애국계몽운동을 무자비하게 탄압하고 강력한 무단정치를 펴나가는 한편, 민족고유문화의 말살, 경제적 침탈의 강화로 전체 조선민족의 생존에 심각한 위협을 가했다. 일제는 민족자본의 성장을 억제할 목적으로 〈회사령〉(會社令, 1910)을 실시함으로써 총독의 허가를 받아야만 회사를 설립할 수 있도록 제한하였고, 〈조선광업령〉(朝鮮鑛業令, 1915), 〈조선어업령〉(朝鮮漁業令, 1911) 등을 통해 조선에 있는 자원을 착출하였다. 또한 토지조사사업(土地調査事業, 1910~18)으로 농민의 경작지가 국유지로 편입됨에 따라 조상전래의 토지를 빼앗기고 빈농 또는 소작농으로 전락하기에 이르러, 극히 일부 지주층을 제외하고는 절박한 상황에 몰리게 되었다. 이렇듯 식민통치 10년 동안 자본가, 농민, 노동자 등 사회구성의 모든 계층이 식민통치의 피해를 직접적으로 체감하게 되면서 민중들의 정치, 사회의식이 급격히 높아져 갔다.

1918년 1월 미국의 윌슨대통령이 전후처리를 위해 〈14개조평화원칙〉을 발표하고 민족자결주의를 제창했는데, 같은 해 말 만주 지린에서 망명 독립 운동가들이 무오독립선언을 통하여 조선의 독립을 주장하였고, 이는 조선 재일유학생을 중심으로 한 〈2・8 독립선언〉으로 이어졌다. 여기에 고종의 독살설이 불거지면서 그것이 계기가 되어 지식인과 종교인들이 조선독립의 불길을 지피게 되자, 삽시간에 거족적인 항일민족운동으로 확대되었고, 일제의 무단정치에 대한 조선인의 분노 역시 더욱 높아져갔다.

고종황제의 인산(因山, 국장)이 3월 3일로 결정되자, 손병희를 대표로 한 천도교, 기독교, 불교 등 종교단체의 지도자로 구성된 민족대표 33인은 많은 사람들이 서울에 모일 것을 예측하고, 3월 1일 정오를 기하여 파고다공원에 모여 〈독립선언서〉를 낭독한 후 인쇄물을 뿌리고 시위운동을 펴기로 하였으며, 각 지방에도 미리 조직을 짜고 독립선언서와 함께 운동의 방법과 날짜 등을 전달해두었다. 독립선언서와 일본정부에 대한 통고문, 그리고 미국대통령, 파리강화회의 대표들에게 보낼 의견서는 최남선이 기초하고, 제반 비용과 인쇄물은 천도교측이 맡아, 2월27일 밤 보성인쇄소에서 2만 1천장을 인쇄하여, 은밀히 전국 주요도시에 배포했다. 그리고 손병희 외 33명의 민족대표는 3월 1일 오후 2시 정각 인사동의 태화관(泰和館)에 모였다. 한용운의 〈독립선언서〉 낭독이 끝나자, 이들은 모두 만세삼창을 부른 후 경찰에 통고하여 자진 체포당했다.

한편, 파고다 공원에는 5천여 명의 학생들이 모인 가운데 정재용(鄭在鎔)이 팔각정에 올라가 독립선언서를 낭독하고 만세를 부른 후 시위에 나섰다. 이들의 시위행렬에 수많은 시민들이 가담하였다. 다음날에는 전국 방방곡곡에서 독립만세와 시위운동이 전개되었다. 이에 조선총독부는 군대와 경찰을 동원하여 비무장한 군중에게 무자비한 공격을 가했다. 그로인해 유관순을 비롯한 수많은 사람들이 학살되거나 부상당하였으며 투옥되는 참사가 벌어졌고, 민족대표를 위시한 지도자 47명은 내란죄로 기소되었다.

〈3 · 1운동〉 이후 전국적으로 퍼져나간 시위운동 상황에 대한 일본 측 발표를 보면, 집회회수 1,542회, 참가인원수 202만3,089명에 사망 7,509명, 부상 1만5,961명, 검거된 인원은 5만2,770명에 이르렀으며, 불탄 건물은 교회 47개소, 학교 2개교, 민가 715채에 달하였다 한다. 이 거족적인 독립운동은 일제의 잔인한 탄압으로 많은 희생자를 낸 채 목표를 달성하지는 못했지만, 국내외적으로 우리 민족의 독립정신을 선명히 드러낸 바가 되어, 우리 근대민족주의 운동의 시발점이 되었다. 이는 아시아의 다른 식민지 및 반식민지의 민족운동 등에도 영향을 끼쳤는데, 특히 중국의 〈5 · 4 운동〉, 인도의 무저항 배영(排英)운동인 〈제1차 사타그라하운동〉, 이집트의 반영자주운동, 터키의 민족운동 등 아시아 및 중동지역의 민족운동을 촉진

시킨 것으로 높이 평가되었다.

이처럼 3・1운동은 한국인들의 민족의식을 고취시키고 거국적인 독립운동을 촉진시켜 급기야 상해임시정부가 수립되는 성과를 얻게 되었으며, 대내적으로는 일제의 무단통치를 종결시키게 되는 계기가 된다.

3・1운동 이후의 조선총독정치의 재편과 문화통치의 실시에는 당시 일본 수상이었던 하라 다카시(原敬)의 아이디어가 많이 작용했다. 하라는 한반도에서의 독립만세운동 사건을 접한 후 조선통치방법에 변화의 필요성을 느끼고 조선총독부 관제를 개정함과 동시에 새로운 인사 조치를 단행했다. 그리하여 하세가와(長谷川)총독의 사표를 받고, 이어 제 3대 총독으로 사이토 미나토(斎藤實)를 임명하여 문화정치를 표방하면서 조선인의 감정을 무마하려고 하였다. 새로 부임한 사이토는 1919년 9월 3일 새로운 시정방침에 대한 훈시에서 "새로운 시정방침이 천황의 聖恩에 의한 것"이라고 전제하고 "內鮮人으로 하여금 항상 동포애로 相接하며 공동협력 할 것이며, 특히 조선인들은 심신을 연마하고 문화와 民力을 향상시키기를 바란다."[10] 고 했는데, 이때부터 총독의 공식적인 발언에서 '내선융화'라는 단어가 빈번하게 사용되었다. 이러한 식민지 융화정책의 일환으로 1919년 말에는 3面 1校制[11]를 내세워 조선인도 일본인과 동일하게 처우할 것임을 공언하였으며, 1920년에는 부분적으로 개정된 교육령(칙령 제19호)을 제시하여 〈일시동인〉의 서막을 열었다. 그리고 1922년 2월 교육령을 전면 개정하여 전문 32개조의 〈제2차 조선교육령〉을 공포하였는데, 이는 3・1 독립운동으로 대표되는 조선인의 저항에 따른 식민지교육의 궤도수정이었다 할 수 있겠다.

---

10) 조선총독부(1921), 『朝鮮에 在한 新施政』, pp.54~56

11) 3面 1校制: 1919년에 실시된 것으로 3개의 面에 하나의 학교 설립을 의미한다. 이후 1929년 1面 1교제를 실시하게 되어 면 지역을 중심으로 학교가 급증하게 된다. 윤병석(2004), 『3・1운동사』, 국학자료원 p.47

〈2차 교육령〉의 특기할만한 점은 '一視同仁'을 추구하기 위해 일본 본토의 교육제도에 준거하여 만들어졌다는 점이다. 따라서 교육제도와 수업연한 등에서 이전과는 다른 변화를 볼 수 있으며, 종래에 저급하게 짜였던 학교체계를 고쳐 사범교육과 대학교육을 첨가하고 보통 교육, 실업교육, 전문교육의 수업연한을 다소 높였음이 파악된다. 그러나 법령 제3조에서 '국어(일본어)를 상용하는 자와 그렇지 않은 자'를 구별하였으며, 종래와 같이 일본인을 위한 소학교와 조선인을 위한 보통학교를 여전히 존속시킴으로써 실질적으로는 민족차별을 조장하였음을 알 수 있다.

보통학교 교육에 대한 취지와 목적은 〈1차 교육령〉과 거의 동일하다. 이는 당시 조선총독부에서 제시한 신교육의 요지와 개정된 교육령의 항목에서 찾을 수 있다.

> 보통교육은 국민된 자격을 양성하는 데 있어 특히 긴요한 바로서 이 점에 있어서는 법령의 경개에 의하여 변동이 생길 이유가 없음은 물론이다. 즉 고래의 양풍미속을 존중하고 순량한 인격의 도야를 도모하며 나아가서는 사회에 봉사하는 념(念)을 두텁게 하여 동포 집목의 미풍을 함양하는데 힘쓰고 또 일본어에 숙달케 하는데 중점을 두며 근로애호의 정신을 기르고 홍업치산의 지조를 공고히 하게 하는 것을 신교육의 요지로 한다.[12)]

> 보통학교는 아동의 신체적 발달에 유의하여, 이에 덕육을 실시하며, 생활에 필수한 보통의 지식 및 기능을 수여하여 국민으로서의 성격을 함양하고 국어를 습득시킬 것을 목적으로 한다.[13)]

이처럼 〈2차 교육령〉에서의 보통학교 교육목적은 이전의 '충량한 신민

---

12) 조선총독부(1922), 「관보」, 1922. 2. 6

13) 〈제2차 조선교육령〉 제4조

의 육성'이라는 교육목표를 언급하고 있지는 않지만, 교육 목적에 있어서는 이전과 다를 바 없다. 생활에 필수적인 보통의 '지식과 기능'을 기른다고 명시함으로써 학교에서 가르쳐야 할 것을 생활의 '필요'에 한정하고 있으며, '국민으로서의 성격을 함양'하거나 '국어습득'을 강조함으로써 國語 즉 일본어를 습득시켜 일제의 충량한 신민을 양육하고자 하는 의도가 그대로 함축되어 있음을 알 수 있다.

2) 교과목과 수업시수

〈2차 교육령〉에서 이전의 교육령에 비해 눈에 띄게 변화된 점이 있다면 바로 보통학교의 수업연한이 6년제로 바뀐 점이다. 조선총독부는 이의 규정을 제5조에 두었는데, 그 조항을 살펴보면 "보통학교의 수업 연한은 6년으로 한다. 단 지역의 정황에 따라 5년 또는 4년으로 할 수 있다."[14]로 명시하여 지역 상황에 따른 수업연한의 유동성을 예시하였다. 이에 따른 교과목과 교육시수를 〈표 2〉로 정리하였다.

〈표 2〉〈제2차 조선교육령〉 시기 보통학교 교과목 및 매주 교수시수

<table>
<tr><td>학제</td><td colspan="4">4년제 보통학교</td><td colspan="5">5년제 보통학교</td><td colspan="6">6년제 보통학교</td></tr>
<tr><td>과목\학년</td><td>1</td><td>2</td><td>3</td><td>4</td><td>1</td><td>2</td><td>3</td><td>4</td><td>5</td><td>1</td><td>2</td><td>3</td><td>4</td><td>5</td><td>6</td></tr>
<tr><td>수신</td><td>1</td><td>1</td><td>1</td><td>1</td><td>1</td><td>1</td><td>1</td><td>1</td><td>1</td><td>1</td><td>1</td><td>1</td><td>1</td><td>1</td><td>1</td></tr>
<tr><td>국어</td><td>10</td><td>12</td><td>12</td><td>12</td><td>10</td><td>12</td><td>12</td><td>12</td><td>9</td><td>10</td><td>12</td><td>12</td><td>12</td><td>9</td><td>9</td></tr>
<tr><td>조선어</td><td>4</td><td>4</td><td>3</td><td>3</td><td>4</td><td>4</td><td>3</td><td>3</td><td>3</td><td>4</td><td>4</td><td>3</td><td>3</td><td>3</td><td>3</td></tr>
<tr><td>산술</td><td>5</td><td>5</td><td>6</td><td>6</td><td>5</td><td>5</td><td>6</td><td>6</td><td>4</td><td>5</td><td>5</td><td>6</td><td>6</td><td>4</td><td>4</td></tr>
<tr><td>일본역사</td><td></td><td></td><td></td><td></td><td></td><td></td><td></td><td></td><td rowspan="2">5</td><td></td><td></td><td></td><td></td><td>2</td><td>2</td></tr>
<tr><td>지리</td><td></td><td></td><td></td><td></td><td></td><td></td><td></td><td></td><td></td><td></td><td></td><td></td><td>2</td><td>2</td></tr>
<tr><td>이과</td><td></td><td></td><td></td><td>3</td><td></td><td></td><td></td><td>2</td><td>2</td><td></td><td></td><td></td><td>2</td><td>2</td><td>2</td></tr>
</table>

14) 〈제2차 조선교육령〉 제5조

도화			1	1			1	1	2(남) 1(여)				1	2(남) 1(여)	2(남) 1(여)
창가 체조	3	3	1	1	3	3	1	1	1	3	3	3	1	1	1
			3(남) 2(여)	3(남) 2(여)			1	3(남) 2(여)	3(남) 2(여)				3(남) 2(여)	3(남) 2(여)	3(남) 2(여)
재봉			2	2				2	3				2	3	3
수공															
계	23	25	27(남) 28(여)	27(남) 28(여)	23	25	27	29(남) 31(여)	30(남) 31(여)	23	25	27	29(남) 30(여)	29(남) 30(여)	29(남) 30(여)

〈2차 조선교육령〉 시행기는 〈1차 조선교육령〉 시행기에 비하여 '조선어 및 한문'이 '조선어'과목으로 되어 있으며, 수업시수가 이전에 비해 상당히 줄어든 반면, 國語(일본어)시간이 대폭 늘어났다. 주목되는 점은 '역사'와 '지리'과목을 별도로 신설하고 5, 6학년 과정에 배치하여 본격적으로 일본사와 일본지리를 교육하고자 하였음을 알 수 있다.

한편 4년제 보통학교의 경우 조선어 교과의 비중감소나 직업교과의 비중감소 등은 6년제와 유사하다. 그러나 5년제나 6년제와는 달리 역사, 지리 등의 교과가 개설되지 않았다는 점에서 이 시기의 4년제 보통학교는 '간이교육기관'의 성격을 띠고 있었음을 알 수 있다.

또한 조선총독부는 지속적으로 〈보통학교규정〉을 개정하였는데, 개정된 보통학교 규정의 주요 항목들을 살펴보면, 1923년 7월 31일 〈조선총독부령 제100호〉로 개정된 〈보통학교규정〉에서는 4년제 보통학교의 학과목의 학년별 교수정도와 매주 교수시수표상의 산술 과목 제4학년 과정에 '주산가감'을 첨가하도록 하였다. 또한 1926년 2월 26일 〈조선총독부령 제19호〉의 〈보통학교규정〉에서는 보통학교의 교과목을 다음과 같이 부분적으로 개정하였는데, ①제7조 제3항(4년제 보통학교는 농업, 상업, 한문은 가할 수 없음) 중 농업, 상업을 삭제하고 ②"수의과목이나 선택과목으로 한문을 가하는 경우 제5학년, 제6학년에서 이를 가하고 이의 매주 교수시수는 전항의 예에 의하는 것"으로 하였다. 그리고 1927년 3월 31일자 〈조선총독부령 제22호〉의 〈보통학교규정〉에서는 보통학교 교과목 중 '일본역사' 과목의 과목명을 '국사'로 바꾸었다.

한편 〈제2차 조선교육령〉에 나타난 '교수상의 주의사항'을 〈1차 조선교육령〉기와 비교해 볼 때, 국어(일본어) 사용과 관련된 기존의 항목만이 삭제되고 나머지는 거의 유사하다. 이와 같이 일본어 사용에 대한 명시적인 강조가 사라진 것은 1919년 독립운동 후 조선의 전반적인 사회분위기를 고려한 것으로 추정된다.

3) 관공립 사범학교의 초등교원 양성과정

강점초기의 관립사범학교로는 관립경성사범학교를 들 수 있는데, 이 학교는 조선총독부 사범학교였던 경성사범학교가 개편된 것으로, 1부는 소학교 교원을, 2부는 보통학교 교원을 양성하도록 하였다. 또한 '보통과'와 '연습과'를 설치하여 '보통과'는 5년(여자는4년), '연습과'는 1년의 수업 연한을 두었다.

'보통과'는 12세 이상의 심상소학교나 6년제 보통학교 졸업자, 중학교 또는 고등보통학교 재학자, 12세 이상으로 국어, 산술, 일본역사, 지리, 이과에 대하여 심상소학교 졸업 정도로, 시험에 합격한 자에게 입학 기회가 주어졌다. '연습과'는 보통과 졸업자 외에 문부성 사범학교 규정에 의한 사범학교 본과 졸업자, 중학교 혹은 고등여학교 졸업자, 고등보통학교 혹은 여자고등보통학교 졸업자, 실업학교 졸업자, 전문학교 입학자, 검정시험 합격자, 사범학교 연습과 입학자격시험 합격자에 한해서 입학할 수 있었다. 졸업 후에는 각 과정 중의 혜택에 따라 의무 복무 기간을 이행해야 했는데, '보통과'와 '연습과'를 거친 관비졸업자는 7년을, 사비졸업자는 3년을 보통학교나 소학교에서 근무해야 했으며, 또 '연습과'만을 거친 관비졸업자에게는 2년, 사비졸업자는 1년의 의무 복무기간을 부여하였다.

이처럼 강점초기에는 관립이나 공립사범학교라는 독립된 교원양성기관을 설치하여 식민지 교육목적에 합당한 교원으로 양성하려 하는 한편, 사범학교 이외의 교원양성과정에 의하여 교원을 선발하기도 하였다. 이러한 점은 교원의 선발기준에서 다양성을 보여줌으로써 장점으로 작용하기도 하였으나, 교원의 수준 격차라는 문제성을 드러내기도 하였다.

1922년에 〈2차 조선교육령〉이 공포된 이후 초등교원 양성에 관한 정책에도 변화가 일어난다. 조선총독부는 기존의 다양한 교원양성과정을 정리하고, 관공립사범학교를 위주로 하여 교원양성교육을 실시하도록 하였다.

공립사범학교는 1922년 〈제2차 조선교육령〉과 〈사범학교규정〉에 의해 1922년부터 1923년까지 12개 도에 공립특과사범학교 형태로 설치되었다. 공립사범학교의 특과에는 2년제 고등소학교 졸업자 또는 이와 동등 이상의 학력이 있는 자가 입학 할 수 있었다. 학년은 3학기로 나뉘어져 운영되었으며, 수업연한은 처음에는 2년이었다가 1924년부터 3년으로 연장되었다. 특과의 교과목으로는 수신, 교육, 국어, 역사, 지리, 수학, 이과, 도화, 수공, 음악, 체조, 농업, 조선어 및 한문이 부과되었다. 생도에게는 학자금과 기숙사가 제공되었는데 이러한 혜택은 복무 의무와도 연결되어 3년제 특과 관비 졸업자는 4년의 의무 복무 기간을, 2년제 관비 졸업자는 3년, 특과 사비 졸업자는 2년의 복무 기간을 이행해야 했다. 그럼에도 이러한 조치와는 별도로 관립중등학교에 부설했던 사범과를 1925년까지 계속 유지시켰는데, 이는 부족한 초등교원을 양산하기 위한 것이었음을 알 수 있다.

한편 교원의 직급과 그 자격시험에 관한 내용은 1911년 10월에 내려진 〈조선총독부령 제88호〉에 제시되어 있는데, 그 내용을 살펴보면 교원의 직급은 교장, 교감, 훈도, 부훈도, 대용교원, 강사로 되어 있다. 그리고 자격시험을 3종으로 나누어, 제1종은 소학교 및 보통학교의 훈도, 제2종은 보통학교 훈도, 제3종은 보통학교 부훈도에 임명함을 명시하고 있다. 이 때 제2종과 제3종 시험은 조선인만 치를 수 있었으며, 제3종 시험 교과목은 수신, 교육, 국어, 조선어 급 한문, 산술, 이과, 체조, 도화, 실업(여자의 경우 재봉 및 수예, 남자의 경우 농업, 상업 중 1과목)으로 하였다.[15)]

〈2차 조선교육령〉 기간 동안은 교원자격시험에도 간간히 변화가 있었는데, 1922년 4월 8일 〈조선총독부령 제58호〉에 의한 변화로는, 시험은 종전과 같이 3종으로 나누었고, 제1종 시험과목 및 그 정도는 남자에 있어서는 사범학교 남생도, 여자에 있어서는 사범학교 여생도에 관한 학과목 및 그 정도에 준하는 정도로 하였다. 또한 소학교 교원자격을 가진 자에게는 '영어' 및 '조선어' 과목을 부가하고, 보통학교 교원자격을 가진 자에게는 '영어'와 '농업' 혹은 '상업'과목을 부가하였다. 제2종 시험의 시험과목 및 그 정도는 남자에게는 사범학교 특과 남생도에, 여자에게는 사범학교 특과 여생도에 부과한 학과목 및 그 정도에 준하도록 하였으며, 그 중 소학교 교원자격을 가진 자는 '조선어'와 '농업' 혹은 '상업'과목에서 선택하도록 하였다. 제3종 시험은 국어(일본어) 상용자로, 한국인에 한하여 치르도록 하였는데, 제3종 시험에 급제한 자에게 제2종 시험을 치를 수 있게 하고, 제2종 시험에 급제한 자에게는 제1종 시험을 치를 수 있는 자격을 주었다.[16)]

교원자격시험과 관련된 정책은 이듬해인 1923년에 다시 한 번 개정된다. 제1종 시험은 조선총독부에서, 제2종, 제3종 시험은 각 도에서 시행하도록 하였는데, 일본인 교원임용과 관련된 사항은 조선총독부에서 행하고, 한국인 교원임용과 관련된 사항은 각 도에서 행하도록 한 것이다.[17)] 이러한 정책은 더 확장되어 1925년에는 제1종에서 제3종까지 모든 교원시험과 관

15) 조선총독부(1911), 「관보」, 1911.10.
16) 김경자 외 공저(2005), 앞의 책, pp.185~186 참조.
17) 조선총독부(1923), 「관보」, 1923.4.18.

련된 정책 권한을 각 도로 이양[18]하게 된다.

4. 第二期『普通學校國語讀本』의 표기 및 배열

第二期『普通學校國語讀本』은 3·1운동 이후 문화정치를 표방하면서 일본 본토의 교육과 차별 없이 실시한다는 〈일시동인〉에 중점을 둔 일제의 식민지 교육정책에 의하여 1923년부터 1924년에 걸쳐 모두 8권이 편찬되게 된다.

이의 편찬을 담당한 사람은 당시 조선총독부 학무국 소속 교과서 편수관으로 일본 국정교과서 편찬에도 참여했던 아시다 에노스케(芦田惠之助)였다. 아시다는 당시 조선총독 사이토가 공포한 〈2차 조선교육령〉의 취지에 입각하여 '內鮮融和'의 길을 다양한 방법으로 모색하여 교과서에 반영하였기 때문에, 第二期『普通學校國語讀本』에는 '內鮮融和'라는 추상적 이미지의 실체가 상당히 구체적으로 제시되어 있음이 파악된다.

〈제2차 조선교육령〉의 획기적인 변화는 내지연장주의 교육이라는 틀 아래 일본의 소학교와 동일한 학제를 유지하기 위하여 보통학교 학제를 6년제로 개편한 점이다. 그런데 학제개편에 따른 교과서 출판이 원활하지 못한 관계로 조선총독부에서 편찬한 교과서는 1~4학년용 8권만이 출판되었으며, 5~6학년 교과서는 급한 대로 문부성 발간『尋常小學國語讀本』을 그대로 가져와 사용하게 되었다. 이에 대한 출판사항은 〈표 3〉과 같다.

---

18) 조선총독부(1925),「관보」, 1925.12.23.

〈표 3〉〈제2차 교육령〉시기에 교육된 日本語教科書의 출판사항

朝鮮總督府 第三期 『普通學校國語讀本』 1930~1935년							
卷數	출판 년도	사이즈		課	頁	정가	학년 학기
		縱	橫				
卷一	1930	22	15		59	12錢	1학년 1학기
卷二	1930	22	15	26	79	13錢	1학년 2학기
卷三	1931	22	15	27	99	13錢	2학년 1학기
卷四	1931	22	15	25	104	13錢	2학년 2학기
卷五	1932	22	15	26	110	14錢	3학년 1학기
卷六	1932	22	15	25	107	14錢	3학년 2학기
卷七	1933	22	15	25	112	15錢	4학년 1학기
卷八	1933	22	15	26	130	15錢	4학년 2학기
卷九	1934	22	15	24	130	16錢	5학년 1학기
卷十	1934	22	15	24	138	16錢	5학년 2학기
卷十一	1935	22	15	24	127	16錢	6학년 1학기
卷十二	1935	22	15	28	140	16錢	5학년 2학기
계					1335		

〈표 3〉에서 알 수 있듯이 〈제2차 교육령〉시기에 교육된 '國語(일본어)'교과서는 조선총독부 발간『普通學校國語讀本』이 1학년부터 4학년까지 8권으로 되어 있으며, 문부성 발간『尋常小學國語讀本』은 5학년부터 6학년까지 4권으로 되어있다.

1911년에 제정된 〈普通學校施行規則〉에 의해 1913년부터는 신규편찬(新規編纂)의 교과서에 대해서는 자비구입이라는 원칙에 따라 第二期『普通學校國語讀本』의 가격은 13錢~18錢으로 책정이 되어 있다. 이는 第一期『普通學校國語讀本』이 각 6錢의 저가로 보급했던데 비해, 대한제국기 學部편찬 교과서의 가격(각 12錢)으로 회귀한 면을 보인다. 뿐만 아니라 第二期『普通學校國語讀本』은 〈표 3〉과 같이 학년에 차등을 두어 지면의 양에 비례하여 실비로 공급한 듯한 인상을 풍긴다. 이러한 점은 문부성 발간『尋常小學

國語讀本』이 무상인 것과 묘한 대조를 이룬다.

第二期『普通學校國語讀本』의 특징은, 第一期와 마찬가지로 띄어쓰기가 없는 일본어 표기에서 저학년(1, 2학년)용에 띄어쓰기가 채용된 점이다. 이는 역시 모어(母語)를 달리하는 조선 아동이 처음 일본어로 된 교과서에 쉽게 접근할 수 있게 하기 위함이었을 것이다.

第二期『普通學校國語讀本』은 그 구성면에서 第一期에 비해 유화적인 면을 엿볼 수 있다. 먼저 삽화를 보면 군복차림의 선생님을 제시하여 위압적인 분위기를 조장하였던 1기에 비해, 2기에서는 모두 말쑥한 양복차림으로 등장하여 한층 유화적인 분위기로 변화하였다. 또한 일장기의 등장 횟수도 1기의 10회였던 것에 비해, 2기에는 3회에 그치는 것으로 사뭇 변화된 모습을 보이고 있다. 그리고 당시 총독부 학무국의 "조선에서 조선인을 교육할 교과서는 조선이라는 무대를 배경으로 하여야 함이 당연하다."[19]는 편찬방침에 따라 조선의 민화와 전설, 그리고 조선의 衣食住를 들어 채택하였으며, 삽화의 배경에 있어서도 조선의 것이 채택되었는데, 예를 들면 한복, 초가지붕, 민속놀이, 갓을 쓴 선비, 조선의 장독대, 그리고 일반 민중이 주로 이용하는 5일장의 모습을 교과서에 실음으로써 친근감을 유발하였다.

第二期『普通學校國語讀本』에는 당시 식민지 교육정책이 그대로 반영되어 '일시동인'과 '내지연장주의'에 의한 동화정책을 꾀하는 한편 내부적으로는 실업교육을 강조하고 있었다. 때문에 '國語'교과서의 특성상 당연히 지배국의 언어교육에 중점을 두어 국체의 이식을 꾀하였으며, 여기에 국민으로서의 성격함양을 추구하는 내용을 여러 각도로 제시하여 동화교육을 실행해 나가는 한편, 실생활에 必修한 실용교육을 가정 및 사회생활 교육과 농업, 공업, 상업 등으로 연결되는 실업교육에 관련된 내용을 수록함으로써 식민지 교육목적에 부합하는 국민양성에 힘썼음을 알 수 있다.

---

19) 조선총독부(1923), 『조선교육례개정에따른신교과용도서편찬방침』, p.17

5. 보통학교 교과서와 교육상의 지침

1914년 일제가 제시한 보통학교 교과서 편찬의 일반방침은 앞서 제정, 선포되었던 「教授上의 注意 幷 字句訂正表」의 지침을 반영하고 기본적으로 〈조선교육령〉과 〈보통학교규칙〉에 근거를 둔 것이었다. 이에 따라 교과서 기술에 있어서도 「朝鮮語及漢文」을 제외하고는 모두 일본어(國語)[20]로 통합하여 기술하였고, 1911년 8월에 조선총독부가 편찬한 『국어교수법』이나, 1917년에 주로 논의되었던 교육상의 교수지침에서도 '풍속교화를 통한 충량한 제국신민의 자질과 품성을 갖추게 하는 것임'을 명시하여 초등교육을 통하여 충량한 신민으로 교화시켜나가려 하였다.

1906년부터 조선어, 수신, 한문, 일본어 과목의 주당 수업시수를 비교해 놓은 〈표 4〉에서 알 수 있듯이, 수업시수는 1917년 일본어 10시간에, 조선어(한문) 5～6시간이었던 것이, 1938～1941년에는 수신 2시간, 일본어 9～12시간, 조선어 2～4시간으로 바뀌었으며, 이때의 조선어는 선택과목이었다. 그러다가 1941～1945년에는 조선어가 아예 누락되고 수신(국민도덕 포함) 및 일본어가 9～12시간으로 되어 있다. 이는 일본이 태평양전쟁을 전후하여 창씨개명과 징병제도를 실시하면서 민족말살정책을 점차 심화시켜 가는 과정으로 이해될 수 있다.

각 시기에 따른 학년별, 과목별 주당 수업시수는 〈표 4〉와 같다.

---

20) 일본어가 보급되기까지 사립학교 생도용으로 수신서, 농업서 등에 한하여 별도로 朝鮮譯書로 함

〈표 4〉 조선에서의 수신 · 조선어 · 한문 · 일본어의 주당 수업시수

학년	통감부(1907)				제1기(1911)			제2기(1922)			제3기(1929)			제4기(1938)			제5기(1941)
	수신	조선어	한문	일어	수신	국어(일어)	조선어 및 한문	수신	국어(일어)	조선어	수신	국어(일어)	조선어	수신	국어(일어)	조선어	국민과(수신 / 국어)
제1학년	1	6	4	6	1	10	6	1	10	4	1	10	5	2	10	4	11
제2학년	1	6	4	6	1	10	6	1	12	4	1	12	5	2	12	3	12
제3학년	1	6	4	6	1	10	5	1	12	3	1	12	3	2	12	3	2 / 9
제4학년	1	6	4	6	1	10	5	1	12	3	1	12	3	2	12	2	2 / 8
제5학년								1	9	3	1	9	2	2	9	2	2 / 7
제6학년								1	9	3	1	9	2	2	9	2	2 / 7
합계	4	24	16	24	4	40	22	6	64	20	6	64	20	12	64	16	62

* 제1기(보통학교시행규칙, 1911. 10. 20), 제2기(보통학교시행규정, 1922. 2. 15), 제3기(보통학교시행규정, 1929. 6. 20), 제4기(소학교시행규정, 1938. 3. 15), 제5기(국민학교시행규정, 1941. 3. 31)

초등학교에는 合科的 성격의 「國民科」, 「理數科」, 「體錬科」, 「藝能科」, 「實業科」라는 5개의 교과가 있었는데, 그 중의 「國民科」는 修身, 國語, 國史, 地理의 4과목으로 이루어져 있다. 國語, 國史, 地理의 合本的 텍스트로 「國民科」의 4분의 3을 입력한 교과서 『普通學校國語讀本』의 내용 역시 「修身」 교과서와 같이 품성의 도야, 국민성 함양을 목표로 하고 있다. 또한 「朝鮮語 及 漢文」 과목의 교재도 『普通學校國語讀本』과 마찬가지로 일본천황의 신민에 합당한 국민성을 함양케 하는 데 치중하고 도덕을 가르치며 상식을 알게 할 것에 교수목표를 두고 있다.

朝鮮統監府 및 朝鮮總督府의 관리하에 편찬 발행하여 조선인에게 교육했던 일본어 교과서를 '統監府期'와 '日帝强占期'로 대별하고, 다시 日帝强占期를 '1期에서 5期'로 분류하여 '敎科書名, 編纂年度, 卷數, 初等學校名, 編纂處' 등을 〈표 5〉로 정리하였다.

〈표 5〉 朝鮮統監府, 日帝强占期 朝鮮에서 사용한 日本語教科書

<table>
<tr><th>區分</th><th colspan="4">期數別 日本語敎科書 名稱</th><th>編纂年度 및 卷數</th><th>初等學校名</th><th>編纂處</th></tr>
<tr><td>統監府期</td><td colspan="4">普通學校學徒用 日語讀本</td><td>1907~1908 全8卷</td><td>普通學校</td><td>大韓帝國 學部</td></tr>
<tr><td rowspan="8">日帝强占期</td><td colspan="4">訂正 普通學校學徒用國語讀本</td><td>1911. 3. 15 全8卷</td><td>普通學校</td><td>朝鮮總督府</td></tr>
<tr><td rowspan="2">一期</td><td colspan="3">普通學校國語讀本</td><td>1912~1915 全8卷</td><td rowspan="2">普通學校</td><td rowspan="2">朝鮮總督府</td></tr>
<tr><td colspan="3">改正普通學校國語讀本</td><td>1918 全8卷</td></tr>
<tr><td>二期</td><td colspan="3">普通學校國語讀本</td><td>1923~1924 全12卷</td><td>普通學校</td><td>(1~8)朝鮮總督府
(9~12)日本文部省</td></tr>
<tr><td>三期</td><td colspan="3">普通學校國語讀本</td><td>1930~1935 全12卷</td><td>普通學校</td><td>朝鮮總督府</td></tr>
<tr><td>四期</td><td colspan="3">初等國語讀本
小學國語讀本</td><td>1939~1941 全12卷</td><td>小學校</td><td>(1~6)朝鮮總督府
(7~12)日本文部省</td></tr>
<tr><td rowspan="2">五期</td><td>ヨミカタ</td><td>1~2학년</td><td>4권</td><td>1942 1~4卷</td><td rowspan="2">國民學校</td><td rowspan="2">朝鮮總督府</td></tr>
<tr><td>初等國語</td><td>3~6학년</td><td>8권</td><td>1942~1944 5~12卷</td></tr>
</table>

第二期『普通學校國語讀本』은 문화정치를 표방한 초등교육의 텍스트였지만 일제의 정치적 목적에 의해 편찬된 第一期『普通學校國語讀本』과 크게 다르지 않은 초등교과서로, 조선인을 일제가 의도하는 천황의 신민으로 육성하는 것을 목표로 편찬된 초등학교용 교과서라 할 수 있을 것이다.

2014년 2월

전남대학교 일어일문학과 김순전

조선총독부 편찬 (1923~1924)

『普通學校國語讀本』

第二期 한글번역 巻5

3학년 1학기

普通學校 國語讀本

卷五

조선총독부 편찬(1923~1924)
『普通學校 國語讀本』第二期 한글번역 卷5

목록

1 조회

徒(to) 運動場(undoujyou) 長(chou)	우리 학교에서는 매일 아침 수업이 시작되기 전에 조회가 있습니다. 학생들이 모두 운동장에 줄을 서면 여러 선생님께서 나오십니다. 이윽고 교장선생님이 단상에 올라 가셔서 인사 말씀을 하십니다. 이 시간에는 정말로 마음가짐이 깨끗해집니다.

言(koto) 新(atara)	교장 선생님은 항상 "여러분, 오늘 하루를 즐겁게 생활합시다. 유쾌하게 공부하고 유쾌하게 놉시다. 이렇게 하루를 즐겁게 지낼 수 있는 것은 행복한 일입니다." 라 말씀하십니다. 말씀은 항상 똑 같지만 나는 매일 새로운 말을 듣는 듯한 느낌이 듭니다. 내가 언제인가 할아버지께 이 말을 했더니 "그것은 교장 선생님의 덕망이 높아서 그러한 마음이 드는 거란다. 너는 행복한 거야." 라 말씀하셨습니다.

2 조선

조선은 커다란 반도입니다. 평지가 적고 붉은 산이 많습니다.

가장 높은 산은 백두산이고, 경치가 좋은 산은 금강산입니다.

백두산에서 흘러 나오는 압록강과 두만강은 조선과 만주의 경계를 이루고 있는 커다란 강입니다. 이 밖에 대동강 한강 금강 낙동강 등이 있습니다.

島(tou)
地(chi)
少(sukuna)
多(oo)
山(yama)
流(naga)

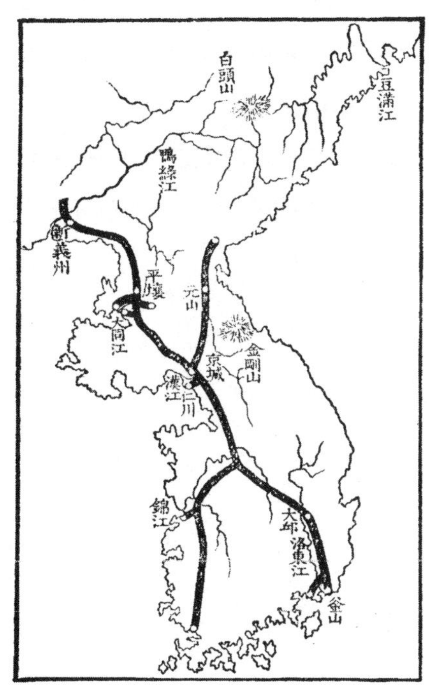

新(shin) 道(dou) 通(tsuu) 交(kou) 産物(sanbutsu)	경성 인천 부산 대구 원산 평양 신의주 등은 번화한 곳입니다. 철도가 통과하고 있어 교통이 편리합니다. 조선의 산물로 유명한 것은 쌀 콩 인삼 목재 명태 고등어 정어리 등입니다.

3 삼성혈(三姓穴)

조선의 남쪽에 제주도라는 커다란 섬이 있습니다. 지금은 많는 사람들이 살고 있지만 먼 옛날에는 사람도 말도 소도 아무것도 없었습니다.

그 무렵의 이야기입니다. 어느 날 이 섬에 커다란 구멍이 세 개 뻥 뚫려서 세 명의 신령님이 그 구멍에서 한 사람씩 나왔습니다.

신령님들은 높은 산에 올라가 섬을 둘러보았습니다. 그 어디를 보아도 사람도 말도 소도 보이지 않았습니다.

合(a)	주위는 아주 조용하였습니다. 단지 산기슭 쪽의 초목이 바다 바람을 맞아 쌩쌩 소리를 내고 있는 것이 들릴 뿐이었습니다. "이제부터 이 섬에 사람과 말과 소를 늘리자." 신령님들은 이렇게 말하며 서로 합의하였습니다.

그러나 그렇게 하기 위해서는 어떻게 하면 좋을지 신령님들도 알지 못하였습니다. 그래서 잠시 동안 바닷가에 나가 물고기를 잡으며 지내고 있었습니다.

通(too)	어느 날의 일입니다. 신령님들이 평상시처럼 바닷가에 나가 있자니 바다 위를 흘러오는 물체가 있었습니다. 그것은 커다란 나무상자였습니다. 끌어올려 열어 보니 안에서 보라색 옷을 입은 사람이 나왔습니다. 

娘(musume) 麦(mugi) 種(tane) 立(tachi)	나무 상자 안에는 또한 돌 상자가 있고, 안에는 푸른 옷을 입은 아가씨가 세 명 있었습니다. 망아지나 송아지도 있었습니다. 쌀이나 보리 씨앗도 있었습니다.  신령님들은 깜짝 놀라 눈을 크게 뜨고 보았습니다. 그러자 보라색 옷을 입은 사람은 일어서서 "나는 동쪽 나라에서 온 사신입니다. 여러분이 이 섬에 계신다고 들었기 때문에

若(waka) 助(tasu) 作(tsuku)	이 젊은 여자분들을 대동하고 왔습니다. 아무쪼록 이제부터 함께 서로 도와 이 섬을 번영토록 해 주세요." 라 하더니 그대로 구름을 타고 높이 올라갔습니다. 그래서 세 사람의 신령님은 세 아가씨와 혼인하여 논과 밭을 경작하여 씨앗을 뿌리고 풀을 베어 망아지나 송아지를 길렀습니다.

者(mono) 相談(soudan)	신령님들은 각각 '양을나' '고을나' '부을나'라는 이름을 붙였지만 아직 왕과 신하의 구별이 없었습니다. 그래서 돌에 활을 쏴서 가장 정확히 맞힌 사람이 왕이 되기로 하자고 의논하였습니다. 그랬더니 고을나가 가장 잘 쏴서 왕이 되고 다른 두 사람은 그의 신하가 되었습니다.

	그리고 나서 임금님에게도 신하에게도 아이가 많이 태어났습니다. 말도 소도 점점 늘어 났습니다. 또한 쌀이나 보리도 수확이 잘 되었습니다. 제주도에 가면 지금도 신령님들이 나왔다고 하는 구멍이 있습니다. 섬사람들은 이것을 삼성혈이라 부르고 있습니다.

4 봄 웃음

봄이 왔네 봄이 와.
두더쥐는 흙을 파네.
옴씰 옴씰 옴씰.
햇님에게 보이지 않게
보리 밭 흙을 파네.
땅위에선 농부가 산 보고 노래하네.

	봄이 왔네 봄이 와. 개미는 높다란 민들레에 이영차 이영차 이영차. 햇님 보러 올라가 황금 탑에서 한 바퀴 춤추네. 하늘에선 종달새가 허공 보고 노래하네.

5 봄

ヽ (앞의 가나 1자 대신 사용하는 되풀이 부호) 〱 (2자 이상의 가나 또는 가나 혼용의 어구 대신 사용하는 되풀이 부호. 세로쓰기 경우에 한하여 사용) 分(bu)	따뜻한 바람이 한들한들 불고 있습니다. 눈이나 얼음은 이미 녹아 버렸습니다. 먼 산에는 어슴푸레 봄 안개가 끼어 있고 시냇물은 잔물결을 일으키며 즐거운 듯이 흐르고 있습니다. 버드나무나 포플러 잎은 벌써 상당히 자랐습니다. 머지않아 제비가 벌레를 쫓으며 강 위를 날아다니겠지요.

町(machi) 煙(kemuri) 々 (앞의 한자(漢字) 1자 대신 사용하는 되풀이 부호) 喜(yoroko)	지금까지 뿌옇게 마을과 읍내를 감싸고 있던 굴뚝의 연기도 사라지고, 복숭아꽃 벚꽃 살구꽃 개나리꽃 등이 한창 피었습니다. 사람들은 새 옷을 입고 즐거운 듯이 외출합니다. 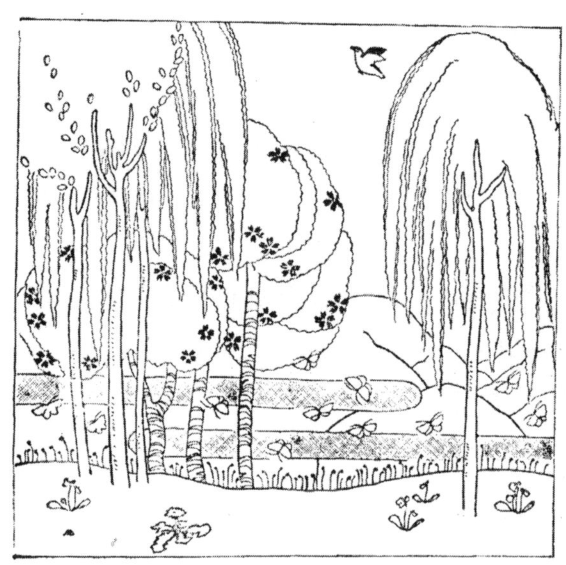

	들판은 양탄자를 깐 듯이 푸른 풀로 뒤덮여 제비꽃이나 민들레꽃이 여기 저기 예쁜 자태를 드러내고 있습니다.
野原(nohara) 晴(ha) 其所(soko) 此所(koko)	보리도 꽤 자랐습니다. 무꽃이나 유채꽃도 피었습니다. 나비는 꽃에서 꽃으로 날아다니고 벌은 열심히 꿀을 모으고 있습니다. 하늘은 맑고 태양은 따뜻하게 비추고 있습니다. 종달새가 여기에서도 저기에서도 지저귀며 높이 높이 날아올라 갑니다. 숲 쪽에서 여러 작은 새들의 노래가 들려옵니다.

6 승합자동차

<table>
<tr>
<td>自(zi)
走(hashi)
廣(hiro)
平(taira)</td>
<td>나는 요전에 아버지와 함께 승합자동차를 탔습니다.

자동차는 붕붕 커다란 소리를 내면서 기분 좋게 달렸습니다.

넓고 평탄한 길이 산기슭을 돌고 논을 지나 길게 뻗어 있습니다.

</td>
</tr>
</table>

植(u) 停(tei) 晝(hiru)	길 양옆에 심어져 있는 포플러나 아카시아 잎은 벌써 새파랗게 되어 있었습니다. 자동차는 강을 건너 들판을 가로질러 그저 쏜살 같이 정거장 쪽을 향하여 달렸습니다. 아침 10시 경에 자동차를 탔는데 점심 때 쯤에는 벌써 정거장에 도착하였습니다. "상당히 빠르군요. 우리 집에서 여기까지 몇 리 정도 됩니까?" 라고 아버지에게 물으니

里(ri) 路(ro) 通(too)	"백리 남짓 된다. 걸으면 하루정도로 힘이 든다." "자동차는 편리한 것이군요." "그렇단다. 옛날에는 길이 나빴지만 지금은 훌륭한 도로가 생겨서 대부분의 곳에는 승합자동차가 다니고 있으므로 여행을 하기에 편리해졌다." 라고 말씀하셨습니다.

7 누에

蠶(蚕)(kaiko) 桑(kuwa) 害蟲(gaicyuu) 絲(糸)(ito)	누에는 원래 뽕잎을 먹는 해충입니다. 그것을 키워 실을 뽑을 수 있도록 궁리한 것은 사람의 힘입니다. 조선에서는 옛날부터 누에를 쳤지만 대개 마루에서 했기 때문에 누에고치 수확량은 비교적 적었습니다.

斗(to) 蠶(san)	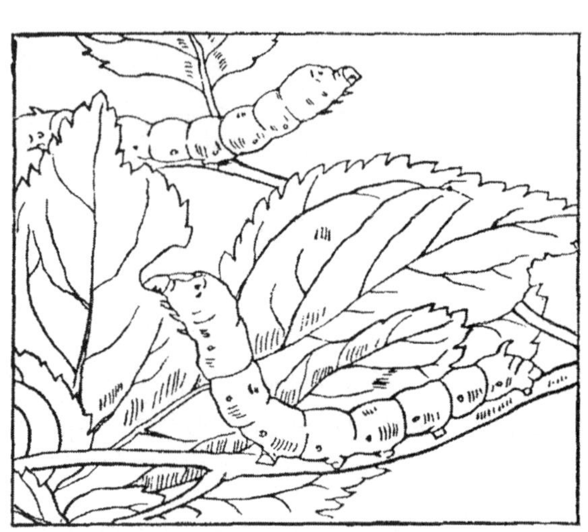 최근에는 선반에서 키우는 방식으로 개량하였으므로 온돌 한 칸 반 넓이에서 너덧 말이나 수확하게 되었습니다. 조선에서는 누에를 칠 시기에 맑은 날씨가 자주 이어집니다. 이것은 양잠을 하기에는 매우 조건이 좋습니다.

度(do)	또한 어느 집에나 온돌방이 있으므로 손쉽게 온도를 조절할 수가 있습니다. 온도를 맞추는 것은 누에를 키우는 데에 중요한 일입니다. 이 밖에 뽕나무의 서리 피해, 누에의 벌레 피해 등도 적어서 양잠에는 매우 편리합니다. 조선은 천연의 양잠지역입니다.

世話(sewa) 軒(ken)	집이 작은 것은 불편할 것 같지만, 키우는 분량이 적기 때문에 오히려 보살핌이 빈틈없이 두루 미치는 이점이 있습니다. 양잠은 한 집에서 많이 키우는 것보다도 여러 집에서 조금씩 키우는 편이 성과가 좋다고 합니다.

8 하루코 씨

横(yoko)	하루코 씨는 이웃집 따님입니다. 나이는 여섯 살이고 아주 귀여운 아가씨입니다. 피부가 하얗고 포동포동 살이 찌셨습니다. 윤기나는 머리를 옆으로 하나로 따서 조그만 리본을 하고 계십니다.

하루코 씨는 창가를 좋아하십니다. 혼자서도 자주 노래를 부르십니다. 목소리는 마치 방울을 굴리는 것 같습니다.

聲(koe)

ゞ
(앞의 가나 1자 대신 사용하는 되풀이 부호인데 다음 가나가 탁점을 갖을 때 사용)

妹(imouto) 事(goto)	내 막내 여동생과 동갑이어서 사이가 좋습니다. 매일 아침 일찍부터 우리 집에 놀러 오셔서 공놀이를 하시기도 하고, 소꿉장난을 하시기도 하고, 때때로 술래잡기 등을 하시기도 합니다. 나도 함께 노는 경우가 있는데 참으로 귀여운 분이라고 생각합니다.

庭(niwa)	하루코 씨가 공놀이를 하시는 손놀림은 그 어떤 것을 하실 때보다도 귀여우십니다. 그 손으로 여동생의 손을 끌고 자주 뜰을 걸으십니다. 나는 하루코 씨가 너무 귀여워서 어쩔 줄 모르겠습니다.

9 닌토쿠 천황

下(ka) 御(go) 民(tami)	닌토쿠 천황은 나니와(오사카)에 도읍을 정하여 천하를 통치하셨습니다. 어느 날 천황이 높은 대궐에 올라 사방을 보시니 백성들의 집에서 연기가 나지 않습니다.

民(min) 後(ato) 切(sai)	이는 근년에 오곡이 잘 수확되지 않아서 백성은 밥을 지으려 해도 쌀이 없으리라고 마음을 쓰셔, 그 후 삼년 동안 일체의 조세를 면제하셨습니다. 그로부터 풍년이 계속되었습니다. 백성들은 모두 부유해 졌습니다. 사람들의 집에서 연기도 힘차게 솟아 올랐습니다. 천황은 어느 날 이를 보시고

<table>
<tr>
<td>全(matta)</td>
<td>

“짐은 풍요해졌노라.”
라며 크게 기뻐하셨습니다.
그러나 대궐은 그 사이 전혀 손질을 하지 않으셔서 황폐해져 비가 샐 정도가 되었습니다.

</td>
</tr>
</table>

백성들은 이 사실을 전해 듣고

"참으로 황송한 일이다. 새로 짓자고 건의드리자."

라며 서로 의논하여 천황에게 청원하였습니다.

그렇지만 승낙이 없었습니다. 그 후에도 번번이 건의하여 그로부터 3년째에 가까스로 승낙을 하셨습니다.

造(tsuku) 老(rou) 御(go)	백성들은 어찌 기뻐하지 않을 일이겠는가? 자신의 집을 짓듯이 노인도 젊은이도 아침부터 저녁까지 열심히 일하여 잠깐 사이에 새로운 대궐이 완성되었습니다. 천황이 새로운 대궐로 옮겨 가신 기쁨, 또한 백성들의 기쁨은 어떠했을까요?

10 병

病(byou) 腹(hara) 同(ona)	나는 오래동안 병에 걸려 학교를 쉬었습니다. 처음에는 병을 모르고 방치해 두었으므로 점점 심해 졌습니다. 옆구리가 약간 아파 의사선생님께 진찰을 받으니 콩팥이 나쁘다고 하셨습니다. 어머니도 훨씬 전부터 콩팥이 나빠서 나도 같은 병에 걸린 것인가 해서 걱정하였습니다.

食(shoku) 合(gou) 歸(kae) 晩(ban)	의사선생님이 "식사는 하루에 우유 다섯 잔과 빵 이외의 다른 것은 아무것도 먹어서는 안된다."고 하셨습니다. 약을 받아 집에 돌아왔습니다. 나는 그로부터 매일 누워 있었습니다. 빨리 병이 나으면 좋겠다고 생각하였습니다. 반달 정도 지나자 마침내 감자죽은 먹어도 좋다는 허가가 떨어졌습니다. 아침과 저녁에는 빵으로 점심에는 감자죽을 먹었습니다.

涙(namida)	나는 몹시 기뻤습니다. 평소에는 밥을 먹어도 별로 맛있다고는 생각하지 않았지만, 오랫동안 밥을 먹지 않아서 눈물이 나올 정도로 맛있었습니다. 40일 남짓 동안 소금기가 조금이라도 있는 것은 먹지 않았습니다.

樂(tano)	어머니께서 "나도 그렇게 참는 것은 불가능해. 정말로 가여웠어."라 하셨습니다. 참고 견딘 보람이 있어서 마침내 나았습니다. 의사선생님이 "이제 나쁜 곳은 전혀 없어."라고 하셨습니다. 나는 학교에 가는 것만을 기대하고 있었습니다. 오늘 학교에 와서 친구들을 만났습니다. 이렇게 기쁜 일은 없습니다.

11 이상한 손님 놀이

文(humi) 客(kyaku)	요전에 내 여동생인 하나와 후미가 손님 놀이를 하고 있었습니다. 후미가 손님이 되어 찾아왔습니다. "실례합니다." 하나가 나가서 "누구십니까?" "저입니다."

	그러자 하나는 무서운 얼굴을 하고서 "저라고 해서는 알 수 없습니다." 라 하자 후미는 당황하여 좀 생각하고 있다가 "야마다입니다." 라 했습니다. 하나는 "아아, 야마다씨이십니까? 자 이쪽으로."
顔(kao) 考(kanga)	

<table>
<tr>
<td>次(tsugi)</td>
<td>라 하며 후미를 다음 방으로 안내하였습니다.
그리고 방석을 내밀었습니다.
“자 깔고 앉으세요.”
라 하자 후미는
“아니에요.”
라 한다.
</td>
</tr>
</table>

"어서."

"아니에요."

"자! 어서."

"괜찮아요."

아무리 말해도 후미는 깔고 앉지 않으므로 하나는 화가 나서

"깔고 앉으라 하면 깔고 앉는 법입니다."

라 한다. 후미는

不(fu) 具(gu)	"하지만 손님인걸. 조금은 사양하는 법이야." 라 하며 못마땅한 얼굴을 하였습니다. 하나는 화를 내며 손님 놀이 도구를 재빠르게 치웠습니다. 후미도 투덜거리며 자신의 도구를 치워버렸습니다.

12 이상하다

卵(tamago) 産(u)	이상하다, 정말로 이상하다. 누에는 뽕잎을 먹고서 번데기가 되고, 번데기는 나방이 되고, 나방은 알을 낳고 죽어버린다. 그러면 그 알에서 누에가 나와 다시 번데기가 되고 나방이 되어 알을 낳는다. 도대체 누에와 알은 어느 쪽이 먼저 생긴 것일까? 누에가 먼저일까 알이 먼저일까? 나는 아무리 생각하여도 알 수 없다.

13 부모 마음

親(oya) 母(haha) 世(yo) 孝行(koukou)	 만주 웅악성 근처에 망소산이라는 중산 모자와 같은 산이 있었습니다. 옛날 이 산기슭에 어머니와 아들이 쓸쓸히 살고 있었습니다. 그 자식은 세상에도 드문 효자로, 어떻게든 어머니를 편안하게 사시도록 해드리고 싶은 것만 생각하고 있었습니다.

問(mon) 倍(bai) 出發(syuppatsu)	그렇게 마음씨가 좋은 사람이어서 학문도 남보다 갑절 뛰어 났습니다. 그래서 어머니의 허락을 받아 관리 시험을 보게 되었습니다. 관리 시험을 보기 위해서는 산동에 가야만 합니다. 산동에 가기 위해서는 배를 타야만 합니다. 다행히도 좋은 길동무가 있어 마침내 출발하게 되었습니다.

勇(isa) 心配(sinpai)	"어머니, 다녀오겠습니다. 제가 없는 동안 아무쪼록 몸조심하세요." "너도 가는 도중 몸조심해라." 라며 서로 이별을 아쉬워하면서도 자식은 기쁜 마음에 용기가 솟아 집을 나섰습니다. 그 후 세월이 흘러 아들이 돌아올 무렵이 되어도 아무 소식도 없었습니다. 어머니는 걱정하기 시작하였습니다.

我(wa) 忘(wasu)	그리고서 매일 산에 올라 바다 저편을 바라보며 흰 돛을 보고는, 혹시 내 자식의 배가 아닌지 오로지 그것만을 계속 생각하면서 지내고 있었습니다. 자식만을 계속 생각하면서 어머니는 머리를 묶는 것도 옷을 갈아 입는 것도 잊어 버렸습니다. "불쌍한 사람이야. 자식 때문에 실성했어!"라며 사람들은 매우 안쓰러워했습니다.

沈(sizu) 知(shi) 待(ma) 誰(dare) 呼(yo)	아들은 발해의 폭풍우로 배가 가라앉아 죽었습니다. 어머니는 그것을 모르고 애타게 기다리다 산기슭의 집에서 죽었습니다. 마을 사람은 이 어머니를 위하여 탑을 산 위에 세우고 명복을 빌었습니다. 전해 듣는 사람은 누구랄 것 없이 이 산을 망소산이라 부르게 되었습니다.

14 모내기

今年(kotoshi) 種類(syurui) 苗(nae) 運(hako)	아버지께서 요전에 머슴에게 이런 이야기를 하고 계셨습니다. “금년의 못자리는 잘 되었다. 이 상태로 가면 풍년이 될거다. 특히 금년에는 좋은 종자를 골라서 씨앗을 뿌렸으므로 모내기는 매우 주의해 주기 바란다. 뽑은 모를 나를 때에도 가능한 한 상하지 않도록, 논두렁에서 던지거나 해서는 안된다.

繩(nawa) 使(tsuka) 去(kyo) 內(nai) 旅(ryo)	금년에는 모두 줄모로 심고 싶다. 모를 심을 때 일일이 못줄을 치는 것은 성가신 것 같지만, 그것도 단지 처음 시작할 동안만이고 익숙해지면 눈대중으로도 비뚤어지지 않게 된다. 줄모로 하지 않으면 김을 맬 때 기계를 사용할 수 없다. 작년에 모심기가 끝난 후 내지를 여행하여 여러 곳의 푸른 논들을 보았는데 대개가 훌륭한 줄모심기였었다. 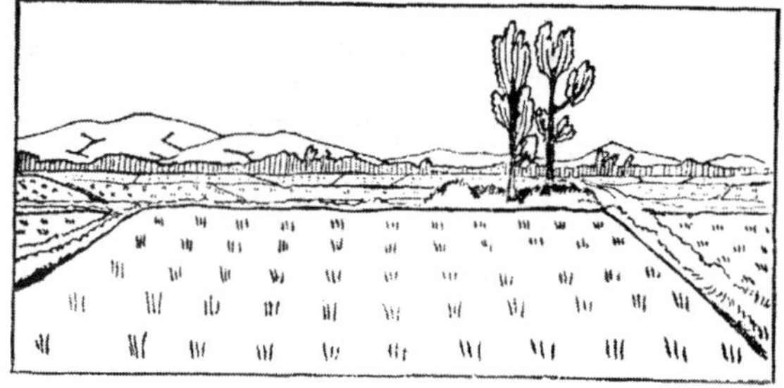

株(kabu)	내지에는 모를 한 개씩 심는 곳이 있었지만 두 개, 세 개, 네 개 정도씩 심는 곳도 있었다. 이쪽은 보통 일곱 여덟 개씩이나 심지만 적은 포기가 좋은지 많은 포기가 좋은지 시험해 보아야만 한다.

苦労(kurou) 祝(iwai)	이제 사 오일이면 모내기가 시작되므로 모두가 수고스럽지만 일년에 한번인 중요한 때이므로 아무쪼록 열심히 해 주었으면 한다. 그대신 모내기가 끝나면 푹 쉬게 해주마. 흥청거리게 잔치도 하자. 조만간 비가 한번 내리면 단단히 부탁한다.”

15 비

降(hu) 表(omote) 低(hiku)	요즈음은 비가 계속 내려서 밖에서 노는 날이 없습니다. 이렇게 매일 내리는 비는 어떻게 되는 것일까요? 종이 우산에 내리는 비가 사방으로 흘러 떨어지듯이 물은 낮은 곳으로 낮은 곳으로 흘러 갑니다. 마당에 내리는 비도 높은 곳에서 낮은 곳으로 흘러갑니다.

雨(ama) 流(ryuu) 支(shi) 池(ike)	처음에는 실낱 정도의 흐름이지만 그것이 점점 모여서 도랑에 떨어질 때는 흐름도 빨라지고 수량도 많아집니다. 빗물이 흐르는 길은 지도에 그린 강을 보는 듯 합니다. 본류가 있습니다. 지류가 있습니다. 낮고 넓은 곳에 고이면 연못처럼 되고, 높은 곳에 막다르면 그곳을 비켜 흐릅니다. 이리하여 흐르는 물은 도랑에서 실개천으로 실개천에서 큰강으로 흘러 흘러서 바다로 갑니다.

井戸(ido)	빗물은 그저 이렇게 흐르는 것만은 아닙니다. 땅 속으로 스며들어 우물물이나 샘물의 원천이 되는 것도 있고, 눈에 보이지 않는 수증기가 되어 하늘로 돌아가는 것도 있답니다.

16 손가락

强(tsuyo)	누가 가장 위대할까라고 손가락들이 다투었다. "모두 조용히 하는 것이 좋다. 가장 강하고 위대한 것은 뭐라고 해도 바로 나야. 네 사람이 덤벼들어도

元(gen)	나 혼자에게는 당할 수 없을 거야." 맨 먼저 엄지손가락은 이렇게 말했다. 집게손가락도 지지 않을 기색으로 "꼼꼼하고 능숙하고 힘차게 어떤 일일지라도 열심히 일하는 자가 위대한 것이야."

	가운뎃손가락도 또한 잘난듯이 “가장 길고 한가운데 묵직하게 앉아 있는 내가 바로 다섯 손가락의 왕이야.” 약손가락도 지지 않고 말했다. “길다 크다 일하는 것만으로 위대하다고 누가 말하겠는가? 금반지를 끼워 놓는 손가락은 나 밖에 없어.”

笑(wara) 細(hoso)	새끼손가락은 잠자코 웃고 있다가 나중에 조용히 이렇게 말했다. “나는 싸움을 하고 싶지 않고 모두와 사이좋게 나란히 모여서 함께 일을 하고 싶은 거야. 나는 가늘고 작지만 그에 상응하는 역할도 있을 것이야. 나는 그 일을 할 뿐이야.”

이를 들은 다른 손가락들은
겸연쩍은 듯이 있다가
입을 모아 이렇게 말했다.
"과연 새끼손가락이 말한대로
모두 모여 얌전하게
자신의 일에 정성을 다하는
그런 자가 위대한 거야."

17 딸기

置(o) 面(men) 實(mi) 叔母(oba)	나는 작년 봄 딸기 모종을 얻어 와서 우리 밭에 심어 놓았습니다. 금년에는 힘차게 자라서 밭 전체에 퍼졌습니다. 나는 학교에서 돌아오면 매일 가서 보는데, 벌써 열매가 많이 열려 있습니다. 저 열매가 자라서 물들게 되면 얼마나 기쁠까 하고 생각합니다. 예쁘게 익으면 친구에게도 주지요. 작은 어머니 댁에도 드리지요. 

18 사람의 힘

寸(sun) 谷(tani) 尺(syaku) 姿(sugata)	"정동아, 소나무를 심어 놓는 것은 즐거운 일이란다. 저 봐라. 산 위 쪽에 심은 것일지라도 예닐곱 치, 계곡에 심은 것은 한 자 네 다섯 치나 자라 있다." "이 기세로 십년이나 자라면 꽤나 키가 커지겠군요." "그렇구말구, 그 때쯤이면 산의 모습이 변할 정도로 무성해질거야."

同(dou) 生(ha)	"아버지, 우리 산의 소나무는 이렇게 가지런히 뻗어 있는데, 옆 산의 소나무는 왜 저렇게 큰 것이나 작은 것이 있습니까?" "나무를 완전히 벤 것은 우리 산도 옆 산도 동시였었지만 우리 산은 베고 나서 곧 묘목을 심었는데 옆 산은 나무가 자라나는 대로 방치해 놓았기 때문이다.

방치해 놓으면 산은 황폐해지고 나무의 성장도 나쁘며 가지런히 자라지도 않는다. 이리 해 보면 사람의 힘을 가한 것과 힘을 가하지 않은 것과는 대단한 차이이다."

"이쪽 산의 소나무의 새 잎은 조금밖에 자라지 않았군요."

枝(eda) 父(chichi)	“저것은 함부로 밑의 가지를 베었기 때문이야. 가지를 베는 것은 나무를 위해서 아주 나쁜 일이다.” 정동이는 이제까지 아무 생각도 없이 산을 바라보았는데, 아버지의 이야기를 듣고 사람의 힘이 거룩함을 깨달았습니다. “아버지, 마을 사람이 힘을 합해서 이 주변의 민둥산에 나무를 심는다면 십년 안에 푸르게 되겠지요?”

	"되고 말고, 십년 기다릴 것 있겠니?" 아버지는 웃으면서 "정동아! 나무를 베어 산을 붉게 한 것도 사람의 힘이야. 붉은 산을 푸르게 하는 것도 사람의 힘이란다." 라고 하였습니다.

19 일기

曜(you) 紙(shi) 表(hyou) 木(moku)	6월 10일 수요일 맑음 오늘부터 일기를 쓰기로 하였습니다. 붓글씨 쓰는 종이를 20장 정도 묶어서 공책을 만들었습니다. 아버지가 표지에 커다란 글자로 「일기장」이라 써 주셨습니다. 6월 11일 목요일 맑음 작문 시간에 정동 군이 "에취"하며 재채기를 크게 해서 모두가 웃었습니다. 선생님도 웃으면서 "감기에 걸리지 않도록 주의하세요."라 말씀하셨습니다.

	6월 12일 금요일 맑은 후 비 아침에는 맑았지만 점심 때 쯤부터 비가 내렸습니다. 수업이 끝나도 그치지 않습니다. 할 수 없이 달음박질로 집에 돌아왔습니다. 모자도 옷도 완전히 젖어 버렸습니다.

6월 13일 토요일 맑음

학교에서 돌아와 작은 어머니 집에 심부름 갔습니다.

6월 14일 일요일 맑음

형님이 버드나무에 새끼줄을 매달아서 그네를 만들었습니다. 나도 태워 주었습니다. 한번 잘못 타 넘어져 새 옷을 더럽히고 말았습니다.

<table>
<tr><td></td><td>집에 돌아와 어머니에게 야단맞았습니다. 낮부터 뒤쪽 광장에서 씨름이 시작되어 나도 보러 갔습니다.</td></tr>
<tr><td>月(gatsu)
曇(kumori)</td><td>6월 15일 월요일 흐림</td></tr>
<tr><td>火(ka)
送(oku)
淺(asa)</td><td>6월 16일 화요일 비
큰 형님이 도쿄에서 그림엽서를 보내 주셨습니다. 우에노공원과 아사쿠사공원의 그림엽서였습니다.</td></tr>
</table>

20 풍뎅이

桑(sou)	손질이 잘 된 뽕밭 옆에서 이야기를 하고 있는 사람들이 있습니다. "아주 훌륭한 뽕밭이 되었군요." "감사합니다. 가까스로 했습니다." "용하게 해충의 피해를 받지 않고 이 정도 훌륭하게 꾸밀 수 있었군요."

苦(kuru) 芽(me)	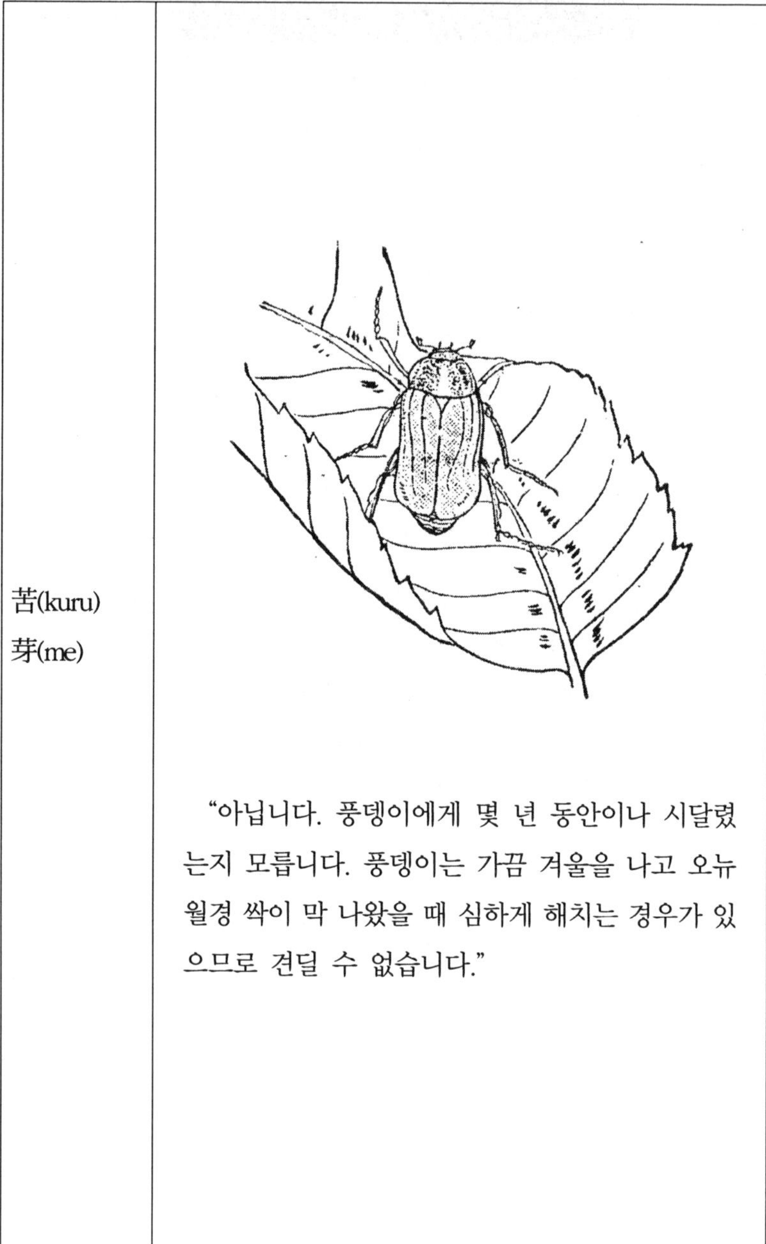 "아닙니다. 풍뎅이에게 몇 년 동안이나 시달렸는지 모릅니다. 풍뎅이는 가끔 겨울을 나고 오뉴월경 싹이 막 나왔을 때 심하게 해치는 경우가 있으므로 견딜 수 없습니다."

强敵 (kyouteki)	“나는 7월로 접어들어 완전히 자란 입을 해치는 것으로만 생각하였습니다. 근년에는 이제 이 주변에는 없어졌습니까?” “천만에요. 얼마든지 있습니다. 뭐라 해도 뽕의 강적입니다. 저 반들반들한 뽕잎을 엄청나게 먹어 치우므로 화가 납니다.” “그래도 이 뽕밭은 뽕잎 한 장도 그 피해를 안 받았지 않습니까?”

面(omo)	“여기에는 재미있는 이야기가 있습니다. 이 뽕밭을 만들기 시작했을 무렵에는 풍뎅이가 모여 들어 어쩔 수 없었습니다. 나는 그것을 발견하면 털어내어 죽였습니다만 그 정도로는 도저히 감당할 수 없었습니다. 나는 그 무렵 문득 조그마한 벚나무에 풍뎅이가 모여 있는 것을 보았으므로

翌(yoku)	뽕밭 주위에 벚나무를 심어 보았습니다. 그러자 그 다음해에는 풍뎅이가 벚나무에 붙어서 뽕밭의 피해는 적어졌습니다. 그래서 나는 집 주위부터 산기슭에 걸쳐서 빈 터에는 온통 벚나무를 심었습니다. 크게 성장한 저 벚나무가 그것입니다. 벚나무가 자람에 따라 뽕밭은 풍뎅이의 피해를 전혀 입지 않게 되었습니다.

	그러자 어느 사이엔가 이곳은 벚나무의 명소가 되었습니다. 꽃이 한창일 때에는 벚꽃놀이 나온 사람들로 시끌버끌합니다." "오늘은 매우 좋은 이야기를 들어 감사합니다."

21 분수

물총은 미는 힘으로 물이 저렇게 날아가는 것입니다. 분수도 어딘가에 미는 힘이 있어서 저렇게 높이 뿜어져 오르고 있는 것일까?

나는 분수를 보고 돌아와서 여러 가지로 생각했습니다만 그 이유를 모르겠습니다. 아버지에게 말했더니 다섯 자 정도의 가는 고무 관을 꺼내 주셨습니다. 그리고

"이것 하나 있으면 분수의 원리는 알 수 있다."

고 하셨습니다.

地(zi) 他(hoka) 吸(su)	나는 "분수는 땅 속에 관이 있어 그 속을 물이 통과하고 있는 것이다."고 생각하였습니다. 그래서 양동이에 물을 퍼 와서 관 한쪽을 그 속에 넣고 다른 한쪽에서 빨아 보았습니다. 물이 입에 다달았기 때문에 무심코 그것을 땅바닥에 놓자 물은 관을 통해 얼마든지 흘러 나왔습니다. 잠시 보고 있자니 재미있어졌습니다. 

今(kon)	다시 양동이에 물을 퍼 와서 약간 높은 곳에 놓고 앞서와 같이 빨아 보았습니다. 그리고 나서 입을 떼자 관 구멍에서 물이 네다섯 치 튀어나왔습니다. "아아! 알았어. 이거야."라고 엉겁결에 외쳤습니다. 다음에는 양동이를 한층 높은 곳에 옮겼습니다. 이번에는 한 자 정도나 튀어나왔습니다.

成功(seikou)	고무 관 끝에 구멍이 작은 유리 관을 끼워 보았습니다. 그러자 물은 힘차게 튀어나와 두 자 남짓 솟아올랐습니다. 여러 가지로 양동이의 장소를 바꿔 보며, 물이 있는 장소가 높으면 높을수록 관 끝에서 뿜어 나오는 물은 높이 솟는 것이라는 것을 알게 되었습니다. 바로 그때 아버지가 오셔서 "성공, 성공."이라고 하셨습니다.

22 우체통

辻(tsuzi) 郵便(yuubin) 封書(huusho)	나는 거리 네거리에 서 있는 우체통입니다. 비가 내려도 바람이 불어도 밤에도 낮에도 이곳에 줄곧 서 있지만 엽서나 편지 등을 넣는 사람 이외에는 내 몸을 만지는 사람이 없습니다.

때때로 길을 남에게 묻고 온 사람인지 "그래 우체통이라고 한 것은 이것이구나."고 혼잣말을 하며 가는 사람이 있습니다.

나의 역할은 아시는 바와 같이 여러분이 내 입에 넣으시는 우편물을 소중히 맡아 이것을 수합하러 오는 사람에게 건네주는 것입니다.

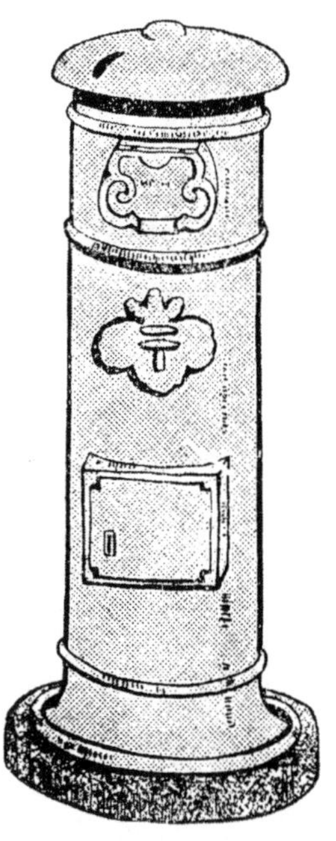

承知(shouchi)

渡(wata)

聞(bun) 作物(sakumotsu) 商品(shouhin)	어떤 날이라도 엽서 백 장이나 편지 삼십 통 정도는 내 입에 들어가지 않는 적은 없습니다. 매일 틀림없이 신문을 넣으러 오는 사람도 네 다섯 명은 있습니다. 때로는 잡지나 사진이 들어 오는 경우도 있습니다. 작물의 씨앗이나 상품 견본도 넣어도 괜찮게 되어 있지만 나는 아직 그것을 맡은 적은 없습니다.

品(sina) 價(atai) 刻(koku) 急(iso) 途(to)	내 입에 들어오는 엽서 외의 물건에는 반드시 우표가 붙어 있습니다. 그것도 물건과 무게에 따라서 우표 가격이 다릅니다. 우편물을 수합하는 사람은 매일 정해진 시각에 와서 나의 배를 열고 갖고 갑니다. 수합하러 오는 무렵에 급한 편지를 넣으러 오는 사람이 도중에 다른 사람과 서서 이야기라도 하기 시작하면 나는 조바심이 나서 어쩔 줄 모르겠습니다. 만약 시간에 대지 못하면 상대방 쪽에 아주 늦게 도착하기 때문입니다.

用(you) 悲(kana) 泣(na)	엽서에는 대개 간단한 용건이 적혀 있습니다만, 편지에는 여러 가지 복잡하게 뒤얽힌 것이 적혀 있습니다. 경사스런 일이나 즐거운 듯한 일이 적혀 있으면 나도 기쁘게 생각하지만 슬픈 일이나 괴로운 듯한 일이 적혀 있으면 따라서 웁니다.

언제인가 비가 많이 내리는 밤에 나이 드신 할아버지가 멀리 있는 아들에게 보낸 편지나 각기병으로 다리가 부어 있는 서생이 친구에게 보낸 엽서에는 나도 애간장이 끊어지는 마음이 들었습니다.

"거기에는 어떤 내용이 적혀 있었는가?"라는 질문이 나올지도 모르겠습니다만 그것은 남에게 누설해서는 안 되게 되어 있습니다.

23 편지

差(sashi)	정동이는 선생님으로부터 편지는 생각하는 바를 그대로 적으면 되는 것으로 배웠습니다. 그래서 여행지에서 몇 번이나 선생님께 편지를 올렸습니다.

前(zen) 浮(u) 叔父(ozi) 飮(no)	제가 와 있는 곳은 원산 부근으로, 바다는 바로 앞에 보입니다. 오전과 오후에 한 번씩 바다에 들어가는데 아직 몸이 잘 뜨지 않습니다. 숙부님이 "두세 번 바닷물을 마시지 않고서는 배울 수 없다." 고 하시는데 키가 닿지 않는 곳에 가는 것은 저로서는 도저히 불가능합니다.

	머리를 물에 담그고 이제 막 간신히 헤엄치기 시작하였습니다. 열심히 연습하므로 일주일만 지나면 어느 정도 헤엄칠 수 있겠지요. 살갗은 남들만큼 빨갛게 탔습니다.
週(syuu) 今朝(kesa) 海岸(kaigan)	선생님, 선생님. 오늘 아침에는 재미있는 것을 보았습니다. 이것만은 선생님께 보여드리고 싶다고 생각하였습니다. 해가 뜨기 전에 숙부님과 해안에 나갔습니다.

	거기에는 많은 어부들이 여자나 아이들과 함께 줄다리기 같은 밧줄을 바다에서 끌어 올리고 있는 게 아니겠습니까? 숙부님에게 "무엇일까요?"라 해도 "보고 있으면 알게 된다."며 가르쳐 주시지는 않았습니다.
綱(tsuna) 教(oshi)	

網(ami)	밧줄을 당기는 구호 소리가 점점 빨라져서 밧줄 끝쪽에 커다란 그물 자루가 보이기 시작하였습니다. 그 안에는 생선이 많이 우글우글 움직이고 있었습니다. 마침내 그물은 끌어올려졌습니다. 여러 생선들이 튀어 오르고 있습니다. 게는 집게발을 세워 거품을 뿜고 있습니다. 복어는 화난 듯이 배가 매우 부풀어 있습니다.

	나는 처음으로 이것을 보았기 때문에 기뻐 어쩔 줄 몰랐습니다. 선생님, 이것은 흐릿그물이라고 한답니다.

24 박새

売(u)	파란 모자에 하얀 셔츠 어디에서 왔니 박새야! 쯔빗쯔빗 쯔쯔빗 엿집을 하면서도 엿이 없구나 빵집을 하면서도 빵이 없다네 무엇을 파는 거니 박새야! 

僕(boku) 旅(tabi)	아냐, 아냐 나는 곡예사 이곳 저곳 홀로서 여행한다네 가느다란 갈대 피리 불어대면서 거꾸로 빠져 가네 밤나무 가지 옆으로 건너가네 담쟁이 덩굴 쯔빗쯔빗 쯔쯔빗

25 나라(奈良)

	이번 여름 내지를 여행하며 정말로 재미있다고 생각한 것은 나라(奈良)였습니다. 정거장을 나와 산조(三條) 거리를 동쪽으로 가니 난엔도(南圓堂) 앞으로 나왔습니다. 그곳의 돌계단 밑에 커다란 숫사슴이 누워 있고, 그 뿔에 고추잠자리가 앉아 있었습니다. 나는 너무 재미있어서 멈춰섰습니다.
鹿(shika) 角(tsuno)	

都(miyako)	나라는 어디를 보아도 차분한 곳입니다. 천몇백년인가 전에 수도가 있었던 곳이라는데, 절을 보아도 산을 보아도 모두 옛날 일이 생각납니다. 

神社(zinzya)	가스가(春日) 신사를 향해 일 이백 미터 떨어진 곳부터 어미 사슴 새끼 사슴이 줄줄이 모여 들었습니다. 나는 처음에는 무섭게 생각하였지만 점점 친해져 귀여워졌습니다. 사슴의 먹이를 파는 여자가 “사서 먹이세요.”라며 귀찮게 따라 왔습니다.

	내가 먹이를 샀더니 사슴은 내 앞으로 모여 들어 몸을 움직일 수도 없게 되었습니다. 아버지께서 "빨리 오너라."하고 부르시지만, 어떻게 이 귀여운 사슴을 놔 두고 갈 수 있을까요? 아버지가 허락해 주신다면 나는 이틀이고 사흘이고 이렇게 사슴과 놀고 싶다고 생각하였습니다.

ぐ (2자 이상의 가나 또는 가나 혼용의 어구 대신 사용하는 되풀이 부호인데 다음 가나가 탁점을 갖을 때 사용. 세로쓰기 경우에 한하여 사용) 愛(ai) 有(ari) 殿(den)	나는 곰곰이 생각하였습니다. 사슴은 사람의 발소리만을 듣고도 도망가는 법이지만, 이곳의 사슴이 이렇게 사람을 따르고 있는 것은 사람들이 마음으로부터 사랑하고 있기 때문이리라. 사람과 사슴의 이 화목한 모습은 옛 도읍지 나라에서 가장 아름다운 것이리라고 생각하였습니다. 가스가(春日)신사, 다이부쓰(大佛)전에 참배하고 나서 와카쿠사(若草)산에 올랐습니다.

26 오작교

或(aru) 布(nuno)	7월 7일 은하수에 다리를 놓는 것은 까치의 역할이라고 전해지고 있습니다. 옛날 어느 별나라에 한 예쁜 공주가 있었습니다. 베를 짜시는 것이 능숙하셔서 짜신 옷감은 이 세상에서 볼 수 없을 정도로 아름다운 것이었습니다.

子(zi) 萬(万)(ban) 仕(tsuka) 行(okonai)	아버지이신 임금님은 이 공주를 매우 총애하셨습니다. 그래서 다른 별나라의 왕자를 사위로 맞이하셨습니다. 공주는 매사에 주의하여 성심껏 섬기셨습니다만 왕자는 좋지 않은 행동만 하셨습니다.

岸(kishi)	임금님은 화가 나셔서 은하수 북쪽의 강변으로부터 6개월 걸려 다다를 정도의 먼 곳으로 왕자를 유배시켰습니다. 공주님에게 죄는 없지만 이 역시 은하수 남쪽의 강변으로부터 같은 정도의 먼 곳으로 유배시키셨습니다. 임금님은 왕자나 공주님이 미워서 그리 하신 것은 아닙니다. 그래서 7월 7일 만큼은 두 사람 모두 은하수 강변으로 돌아오는 것을 허락하셨습니다.

멀고 먼 북쪽과 남쪽에 유배된 공주님과 왕자는 6개월 동안 슬프고 외로운 여행을 계속하셨습니다만 그 마지막 날에는 두 사람은 의논이라도 한 듯이 원래 왔던 길을 서둘러 되돌아가셨습니다. 두 사람이 은하수 남쪽 강가와 북쪽 강가에 도착하신 것은 정확히 7월 7일의 새벽녘이었습니다.

은하수는 눈부시게 빛나고 있습니다. 건너편 강가에는 공주님, 이쪽 강가에는 왕자, 말씀을 하실려고 해도 강으로 가로막혀져 불가능합니다.

下界(gekai)	 이 강을 어떻게 해서라도 건너고 싶다고 생각다 못해 두 분의 눈에서 눈물이 흘러 넘쳤습니다. 야! 인간 세계는 큰일입니다. 하늘에서는 두 분의 눈물이지만 떨어지면 폭포와 같은 빗물입니다.

獸(kemono) 様子(yousu)	집은 떠내려가지요 나무는 쓰러지지요 새나 짐승도 모두 함께 떠내려 갈 것 같습니다. 그래서 여러모로 의논한 끝에 까치를 하늘에 보내게 되었습니다. 까치는 은하수에 와서 왕자와 공주님의 이 모습을 보았습니다. 천상의 이 탄식이 인간 세계의 그 슬픔인 것을 알고 즉시 다리를 놓아 건너시게 해 드리기로 하였습니다.

그래서 많은 동료들을 불러 모아 은하수 남쪽 강가에서 북쪽 강가까지 머리를 맞대고 날개를 합쳐서 예쁜 다리를 놓았습니다. 두 분은 이것을 보고 매우 기뻐하셨습니다. 왕자는 이윽고 그 다리를 건너셨습니다. 그래서 인간 세계의 비도 그래서 그쳤다고 합니다. 지금도 7월 7일의 아침 비는 왕자와 공주님이 만나신 기쁨의 눈물이고, 저녁 비는 헤어지시는 슬픔의 비라고 전해지고 있습니다.

끝

다이쇼 12년(1923) 1월 13일 인쇄
다이쇼 12년(1923) 5월 30일 번각발행 정가 금13전

조선총독부

조선서적인쇄주식회사

大正十二年一月十三日印刷
大正十二年一月十五日發行
大正十二年五月二十五日翻刻印刷
大正十二年五月三十日翻刻發行

普國五

定價金十七錢

著作權所有

著作兼發行者　朝鮮總督府

翻刻發行兼印刷者　京城府元町三丁目一番地
朝鮮書籍印刷株式會社
代表者　伊東猛雄

印刷所　京城府元町三丁目一番地
朝鮮書籍印刷株式會社

販賣所　京城府元町三丁目一番地
朝鮮書籍印刷株式會社

조선총독부 편찬 (1923~1924)

『普通學校國語讀本』

第二期 한글번역 巻6

3학년 2학기

普通學校

國語讀本

卷六

조선총독부 편찬(1923~1924)
『普通學校 國語讀本』第二期 한글번역 卷6

목록

제1 가을 들녘

<table>
<tr><td>涼(suzu)</td><td>

푸르고 맑게 개인 하늘에 솔개 한 마리가 조용히 날개를 펴고 있습니다. 때까치 울음소리가 해맑게 들립니다.
들도 산도 완전히 가을 색이 되었습니다. 떡갈나무나 단풍나무로 붉게 물든 숲속에서 시원한 바람이 불어옵니다.</td></tr>
</table>

紫(murasaki) 紅(beni) 咲(sa) 菊(kiku)	보라색 도라지꽃, 연홍색 패랭이꽃, 싸리, 마타리꽃 등이 여기에도 저기에도 피어 있습니다. 들국화는 귀여운 꽃을 터트리고, 억새는 하얀 이삭을 나란히 하여 살랑살랑 소리를 내고 있습니다. 

칡나무 잎 뒤에서 다람쥐가 살며시 모습을 내밀다가 놀라서 숨었습니다. 벌레 소리가 한바탕 들려왔습니다.

제2 잠들어 있는 사과

眠(nemu)	푸른 잎 사이로 사과가 새빨간 볼을 내밀고 잠들어 있습니다. 아이는 위를 올려다보며 사과에게 말했습니다. "사과님! 내려오세요. 이제 일어나셔도 될 시간이에요." 그러나 사과는 따뜻한 잠자리 속에서 새근새근 계속 자고 있었습니다.

햇님이 구름 사이로 얼굴을 내밀고 반짝반짝 비추었습니다.

"아 햇님! 부디 사과가 잠을 깨도록 해 주세요." 라고, 아이는 부탁을 했습니다. 햇님은 "쉬운 일이죠."라며 강한 햇빛을 사과 얼굴에 정면으로 보냈습니다. 그러나 사과는 잠을 깨지 않았습니다.

起(oko) 止(toma)	그곳으로 작은 새가 날아왔습니다. "아, 작은 새님! 부디 사과를 깨워 주세요." "쉬운 일입니다." 라며 작은 새는 나뭇가지에 앉아서 아름다운 소리로 지저귀었습니다. 그런데도 사과는 잠들어 있습니다.

禮(礼, rei)	이번에는 바람이 뺨을 부풀려서 나무를 흔들었습니다. 그렇게 꼼짝 않던 사과도 바람에게는 놀랐는지 당황하여 나무에서 뛰어내렸습니다. 그리하여 아이의 손 안으로 쏙 들어갔습니다. 아이는 기뻐하며 "바람님 정말 고맙습니다." 라며 깍듯이 인사를 했습니다.

제3 일본

州(shuu) 九(kyuu) 及(oyo) 陸(riku) 斜(naname) 候(kou)	일본은 혼슈(本州), 시코쿠(四国), 규슈(九州), 홋카이도(北海道), 타이완(台湾), 사할린(樺太) 남부 및 조선으로 이루어져 있다. 조선이 아시아 대륙에 이어져 있고, 그 외의 일본 땅은 모두 섬이다. 그 섬들이 북으로는 한대에 가까운 곳에서부터 남으로는 열대까지 가늘고 길게 비스듬히 늘어서 있다. 기후는 온화한 곳이 많다.

太(tai) 洋(you) 鐵(鉄)(tetsu) 由(yuu) 便利(benri)	바다는 아시아 대륙과의 사이에 오호츠크해, 일본해, 황해, 동지나(東支那)[1)]해가 있으며, 아메리카대륙과의 사이에 태평양이 있다. 산물은 바다나 육지 모두 풍부하다. 육지에는 철도가 그물망처럼 뻗어 있고, 바다에는 배의 왕래가 자유로워 운송과 교통이 편리하다.

1) 현재의 동중국해

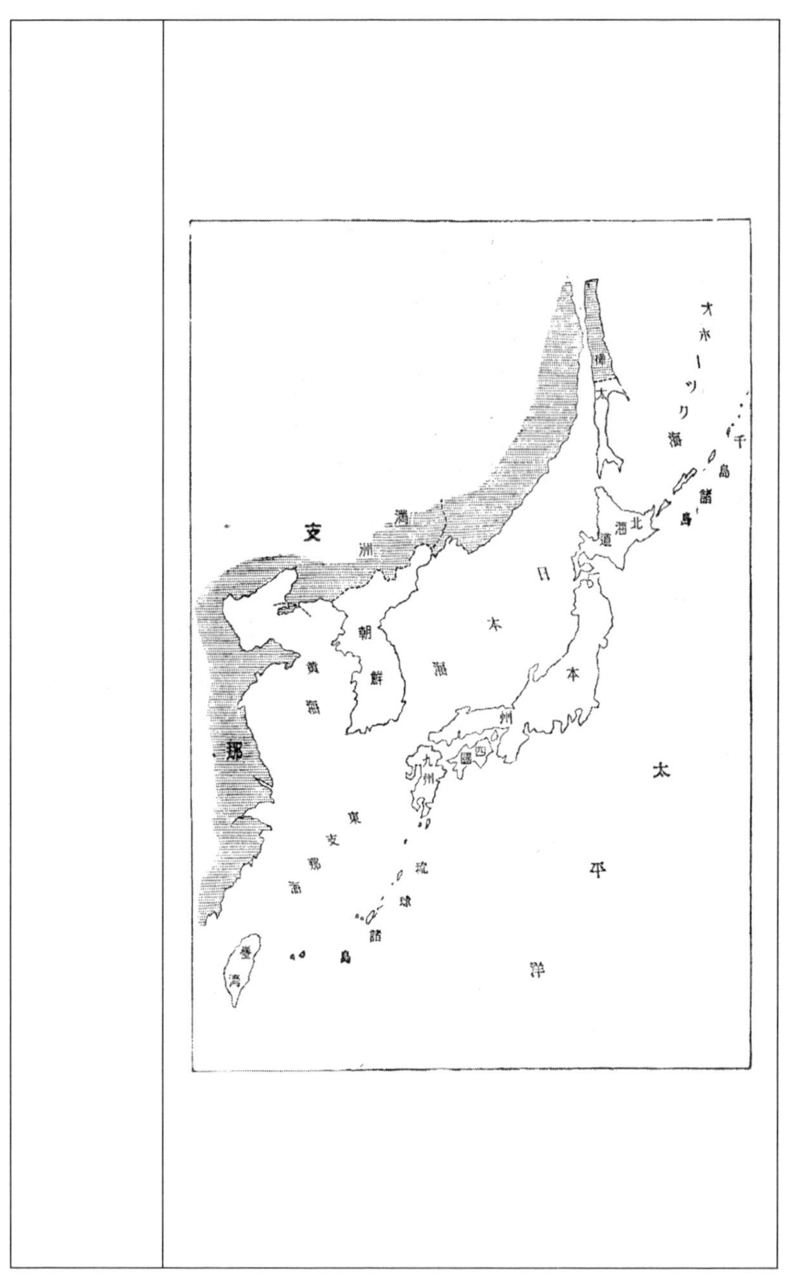
オホーツク海
樺太
千島諸島
北海道
滿洲
支那
日本海
朝鮮
黃海
本州
四國
九州
太平洋
東支那海
琉球諸島
臺灣

風景(huukei) 数(suu) 安(an)	일본에는 경치가 좋은 곳이 많다. 그 중에서도 후지산, 금강산은 세상에 널리 알려져 있다. 국민의 수는 7천만이나 되고 모두 안심하며 일하고 있다.

제4 수수께끼

棒(bou)	1. 한쪽 입은 묶여 있고 여덟 개의 입이 열려 있는 글자는 무슨 자입니까? 2. 여자(女)가 아이(子)를 업고 있는 글자는 무슨 자입니까? 3. 어린이(子)가 흙(土)을 막대(/)에 끼어 머리에 이고 있는 글자는 무슨 자입니까? 4. 한자 한치의 집은 무슨 자입니까? 5. 10월 10일에 쓴 글자는 무슨 자입니까? 6. 九十九는 무슨 자입니까? 7. 이(此) 실(糸)은 무슨 색깔입니까?

제5 석탈해(昔脫解)

胎(tai) 吉(kitsu) 命(mei)	신라 왕 중에 석탈해라는 분이 계셨습니다. 왕의 아버지는 다바나(多把奈) 나라 왕이었습니다만 탈해가 7년간 어머니의 뱃속에 있다가 커다란 알로 태어났으므로 “불길하다. 바다에 버려라.”하고 엄하게 명령하였습니다. 어머니는 울며불며 그 알을 비단에 싸서 보물과 함께 예쁜 상자에 넣어 바다로 띄워 보냈습니다.

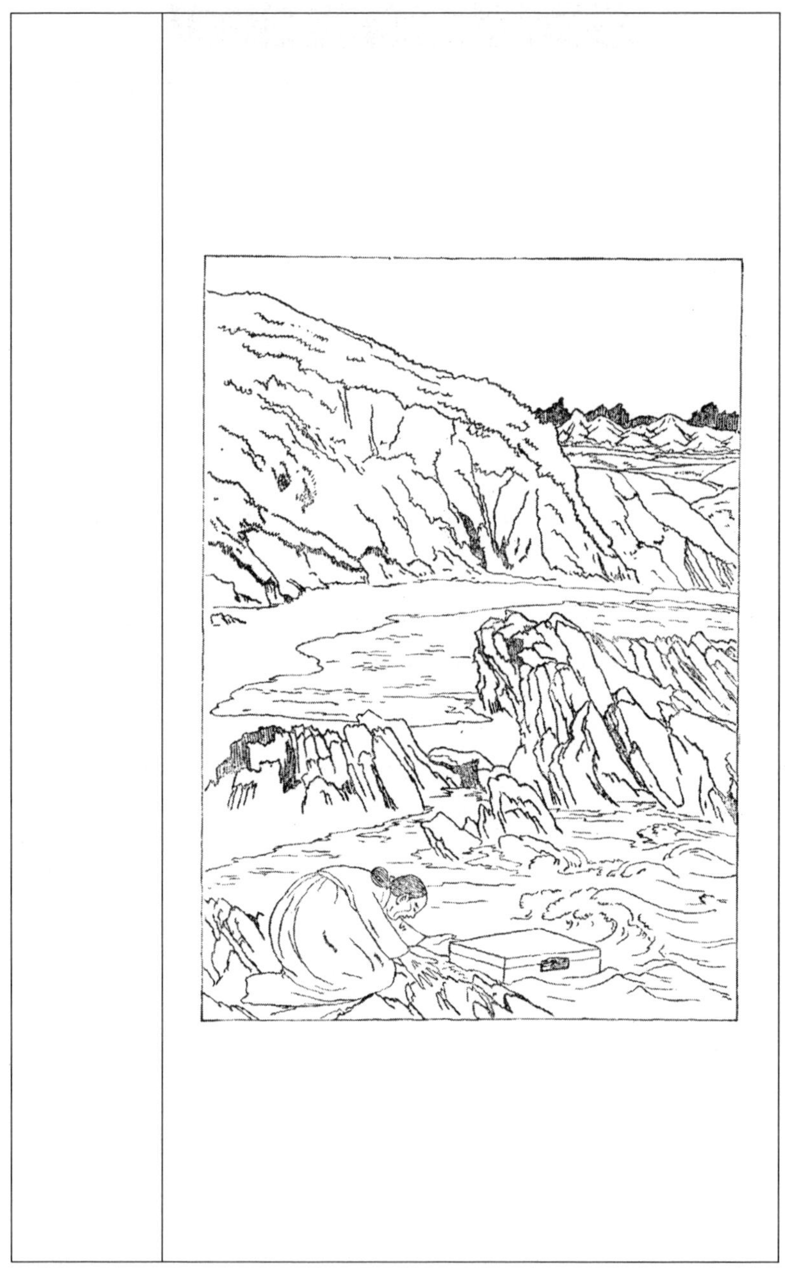

育(soda)	상자는 흘러 흘러 금관국에 다다랐습니다. 이 나라에서는 그대로 놓아 두었습니다. 상자는 또 다시 흘러 흘러 신라에 도착하였습니다. 한 할머니가 이것을 발견하여 끌어 올려보니 상자 안에는 옥 같은 사내아이가 있었습니다. 할머니는 매우 기뻐하며 자신의 자식으로 길렀습니다.

魚(sakana) 親(shin) 志(kokoroza)	탈해는 점점 성장하였습니다. 물고기 잡는 것이 능숙하여 매일 바다에 나가 일했습니다. 그리하여 정성스럽게 할머니를 봉양하였습니다. 어느 날 할머니는 탈해를 불러 그의 신상에 관하여 여러가지 이야기를 하였습니다. 그리고 "이제부터 학문에 뜻을 두어 훌륭한 사람이 되거라."하고 일렀습니다.

程(hodo) 召(me) 位(i) 城(zyou)	그 후 탈해는 열심히 학문에 정진하여 얼마 되지 않아 사람들에게 알려지게 되었습니다. 그래서 국왕은 탈해를 부르시어 나랏일에 대한 의논을 하셨습니다. 탈해는 62세에 왕위를 계승하였습니다. 지금의 월성(月城)은 이 왕이 사셨던 곳이라고 합니다.

제6 석공

工(kou)	탕탕 탕탕 돌을 쫀다. 안경을 끼고 돌을 쫀다. 시선을 집중하여 돌을 쫀다. 땀을 흘리며 돌을 쫀다. 탕탕 탕탕 돌을 쫀다. 돌보다 강한 정의 날 끌보다 강한 팔뚝으로 탕탕 탕탕 돌을 쫀다. 

<table>
<tr><td>暗(kura)</td><td>탕탕 탕탕 날이 저물어
불꽃이 튀기는 정의 날
정 주위는 어둡더라도
탕탕 탕탕 돌을 쫀다.
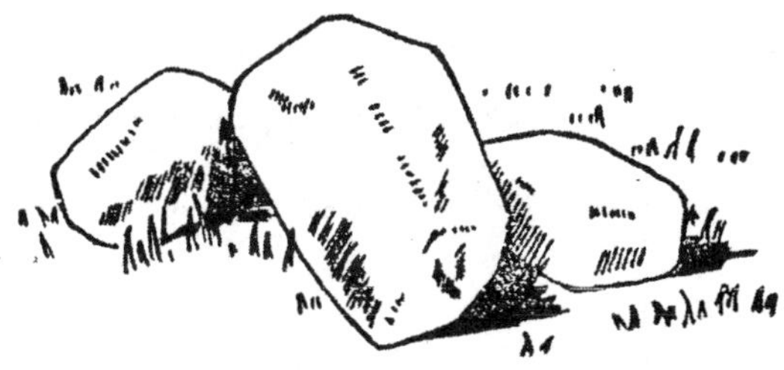</td></tr>
</table>

제7 호랑이 사냥

京(kei) 赤(seki) 政(sei) 虎(tora)	어느 해 경성에서 일본적십자사 조선본부 총회가 열렸습니다. 총재인 간인노미야(閑院宮)전하는 여기에 참가하시고 돌아가시는 길에 경주를 구경하시게 되었습니다. 이 때의 일입니다. 구정리(九政里) 주재소에 "오늘 아침 대덕산에서 우리 아이가 호랑이 때문에 큰 상처를 입었습니다."라고 신고하는 자가 있었습니다.

實(zitsu) 決(ketsu) 餘(yo) 狩(ka) 達(das)	미야케 순경은 그 사실을 확인하고 "한시라도 빨리 지나가실 길의 위험을 제거하지 않으면 안되겠다."고 결심했습니다. 여러 가지로 준비를 하여 그 날 오후 백여 명의 몰이꾼은 대덕산 기슭에서부터 몰아가기 시작했습니다. 다섯 명의 포수는 산위에 잠복 장소를 정하고 기다리고 있었습니다. 몰이꾼이 산 중턱에 이르렀을 때 한 발의 총소리가 울렸습니다.

折(o) 倒(tao)	호랑이는 산을 뛰어올라 포수 사이를 지나 건너편 산으로 뛰어 내려갔습니다. 미야케 순경은 총을 바로잡고 겨냥했습니다만 호랑이가 빨라서 겨눌 수가 없습니다. 호랑이는 계곡을 넘어 건너편 작은 산을 오르기 시작해서 미야케 순경은 이때다 싶어 한 발 쐈습니다. 순식간에 호랑이는 앞발이 부러지고 머리를 땅에 처박고 쓰러졌습니다. 명중한 것입니다.

	달려가 보니 총알은 목덜미로부터 입안을 관통하여 오른쪽 어금니를 부러뜨렸습니다. 저녁 무렵에 주재소로 철수하였습니다. 모여든 사람들이 이구동성으로 미야케 순경의 공로를 칭찬하자 그는 "나는 어디를 어떻게 노려서 언제 방아쇠를 당겼는지 전혀 기억이 없습니다. 단지 전하가 오신다는 오늘, 호랑이를 쏴맞추지 못하면 면목이 없다고만 생각했습니다." 라고 했습니다. 이 호랑이 가죽은 전하에게 기념으로 헌상하였다고 합니다.
牙(kiba) 柄(gara) 皮(kawa) 念(nen)	

제8 코스모스 일기

	7월 1일 4월 초에 코스모스 씨를 뿌려 이제까지 자라는 대로 놓아 두었습니다. 키가 네 자에서 다섯 자가 되었습니다. 더 이상 자라지 않고 가지가 많이 뻗도록 줄기를 잘랐습니다.
以(i) 節(hushi) 起(o)	7월 10일 코스모스는 줄기가 잘려서 아래쪽 마디마디에서 잔 가지가 나왔습니다. 나는 코스모스 여러 그루를 뿌리 채 넘어뜨려 일어나지 않도록 돌을 얹고 흙은 가볍게 덮었습니다. 오늘은 비가 개어서 흙이 부드러워 잘 되었습니다.

昨夜(sakuya) 別(betsu) 埋(uzu)	7월 11일 코스모스의 잔 가지는 모두 어제 밤 중에 일어나서 곧바로 서 있었습니다. 잔 가지는 각각의 그루처럼 보였습니다. 7월 31일 잔 가지의 줄기도 잘랐습니다. 땅 속에 묻은 줄기에서는 많은 뿌리가 나왔습니다.

8월 중

잔 가지에서 다시 잔 가지가 여러 개 나와서 그것이 기세 좋게 뻗었습니다만 키는 네 자 정도에서 멈췄습니다.

数(kazo)	9월 15일 처음으로 꽃 봉우리가 보였습니다. 9월 28일 흰 꽃과 빨간 꽃이 하나씩 피었습니다. 경쟁할 작정일까요? 10월 3일 헤아릴 수 없을 정도로 많이 피었습니다. 나는 정성을 들인 보람이 있다고 생각했습니다.

	10월 15일 지금이 한창입니다. 바람이 불면 바람 따라 나부끼고 조금도 흐트러지지 않습니다. 정말 장관입니다.

제9 귤 장수

荷(ni) 錢(sen) 銅貨(douka)	어느 사거리에 귤 장수가 짐을 풀었습니다. 그곳에 다섯 살 정도 되는 남자 아이가 와서 쥐고 있던 일전짜리 동전을 건넸습니다. 귤 장수가 가장 작은 귤을 한 개 주자, 아이는 "작은 것은 싫어. 그쪽에 있는 큰 것을 갖고 싶어." 라고 말했습니다. 

相(ai)	귤 장수는 “큰 것은 값이 비싸. 그걸 가지고 가거라.” 라고 말하며 상대하지 않았습니다. 아이는 울기 시작했습니다. 그러던차에 아이의 형이 와서, “우는 게 아니에요. 다음에 돈을 많이 가지고 와서 큰 것을 사자구나.” 라고 하며 달랬습니다. 귤 장수는 “귤이요, 귤!”하고 소리를 지르며 다시 걷기 시작했습니다.

제10 떠내려가는 활

合戦(gassen) 落(oto) 源氏(genzi) 捨(su)	야시마(屋島) 전투에서 요시쓰네(義經)가 옆구리에 끼고 있던 활을 바다에 떨어뜨렸습니다. 활은 조류에 휩쓸려 떠내려갔습니다. 요시쓰네는 말위에 엎드려 채찍 끝으로 그것을 끌어당기려 했습니다. 적은 배 안에서 갈고랑이를 내밀어 요시쓰네의 투구를 낚아채려 했습니다. 겐지(源氏) 진영은 요시쓰네를 보호하면서 "버려 버리십시오."

言(i) 拾(hiro) 命(inochi) 代(ka)	"버리십시오." 라고 입을 모아 말했습니다. 그래도 요시쓰네는 칼로 갈고랑이를 막아내며 이윽고 활을 건져 올렸습니다. 뭍으로 올라갔을 때 부하가 "아무리 금은으로 만든 활일지라도 목숨과는 바꿀 수 없습니다."라고 말하자, 요시쓰네는 웃으면서, 

惜(o)
弱(yowa)
何時(itsu)
戰(ikusa)
勝(ka)

"아냐 아냐 활이 아까웠던게 아니야. 숙부 다메토모의 활처럼 강한 활이라면 일부러라도 적에게 주어도 좋겠지만, 이 약한 활을 빼앗겨 '이것이 요시쓰네의 활이야'라는 말을 들으면 겐지의 불명예가 되기 때문이야."
라고 말했다 합니다. 요시쓰네에게 이 명예를 아끼는 마음이 있었기 때문에 어느 전투에서나 승리하신 것이겠지요.

제11 낡은 기와

珍(mezura) 古(huru) 瓦(kawara)	아버지가 얼마 전에 여행에서 돌아오셨습니다. 가지고 오신 여러 가지 진귀한 물건 중에 낡은 기와 조각 하나가 있었습니다. 아버지가 왜 이것을 가지고 오셨는지 나는 몰랐습니다. "아버지 이것은 무엇입니까?" 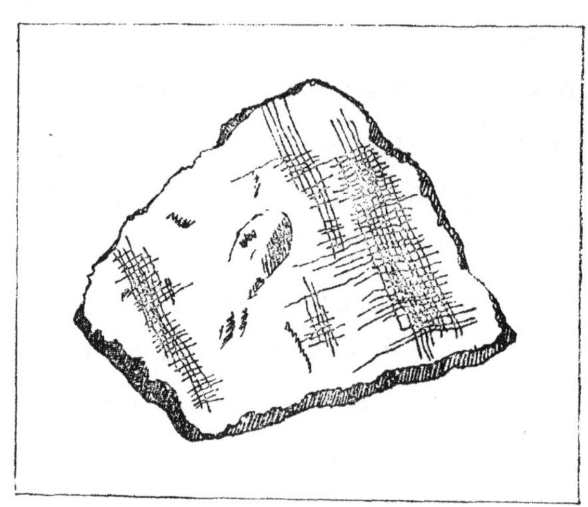

"기와 조각이야."

"그것은 알고있습니다만 왜 가지고 오신 겁니까?"

"부여에서 주워 온 거야."

"뭘 하실 겁니까?"

"뭘 할 것인지 맞춰 보렴."

"저는 여러 가지로 생각해 봤습니다만 아무리 해도 모르겠습니다." 아버지가

代(dai) 急(kyuu)	"헝겊 문양이 있는 곳에 엄지손가락 흔적이 있지?" 라고 말씀하셔서 자세히 보니 손가락 자국이 있었습니다. 아버지는 "부여는 백제의 도읍지였던 곳이므로 이 기와도 그 시대의 것일지도 모른다. 나는 그 손가락 흔적을 보고 돌연 옛 사람들이 그리운 생각이 들어서 주워 온 거야."

하고 말씀하셨습니다. 그리하여 그 손가락 흔적에 아버지의 손가락을 대서 들으셨습니다.

"이렇게 해 보렴."

하고 말씀하셔서, 나는 그대로 흉내를 내어 들으니,

"옛 사람의 손을 만지는 듯 한 기분이 들지?"

라고 말씀하셨습니다.

제12 남동생의 체육시간

進(susu)	여섯 살이 되는 남동생은 매일 학교에서 하는 체육시간을 구경 갑니다. 그리고 돌아와서는 그 흉내를 냅니다. "앞으로 가!"하고는 양손을 흔들며 힘차게 걸어갑니다. "모두 제자리 서!"하고는 휙 뒤를 향해 멈추자 바로 손을 듭니다.

霜(shimo)	내가 “손을 드는 게 아니예요.”라고 해도 듣지 않습니다. “멈추라고 하는데 왜 손을 드는 거니?” 라고 하자, “학교 학생들이 모두 이렇게 하니까”라며 듣지 않습니다. “손을 옆으로 올려, 올려!” 하고는 동상에 걸려 부어오른 손을 옆으로 올립니다.

坊(bou)	“하나 둘, 하나 둘”하고 구령을 계속해 가는 동안에 옆뿐만 아니라 위로 올리거나 앞으로 올리기도 합니다. “네가 하는 것은 엉터리야.”라 하면 “학교 학생들은 모두 이렇게 해.”라 하며 태연해 합니다. “제자리걸음 앞으로!”하고서는 “앞으로 가”와 마찬가지로 걸어나갑니다.

理(ri)	내가 "제자리걸음이잖아?"라면 "그래도 나아가잖아."하고 변명을 합니다. 남동생은 자기 혼자 보고 와서는 열심히 연습을 하고 있습니다. 남동생의 체육 연습은 누구라도 웃게 합니다.

제13 교토

都(to) 寒(samu) 丸(ma) 餘(ama)	겨울방학에 숙부와 내지를 여행했습니다. 교토에 도착한 날 아침은 서리가 하얗게 내려 추웠습니다. 정거장을 나와 가라스마(烏丸)거리를 북쪽으로 걸었습니다. 나는 천년 남짓이나 도읍지였던 교토를 이렇게 걷는 것이 왠지 재미있었습니다.

거리의 구획이 반듯하게 정리되고 동서로 뻗은 거리에 6조, 5조, 4조, 3조 등이라는 이름이 있었습니다. 한 시간 남짓 걸어서 고쇼(御所) 옆으로 나왔습니다. 이곳이 옛날의 황궁이라는 말을 듣고, 나는 경외롭게 느꼈습니다. 고쇼의 정원을 빠져나가 가모(賀茂)강변으로 나왔습니다.

並(nami)
正(tada)
條(zyou)
皇居(koukyo)
御(go)

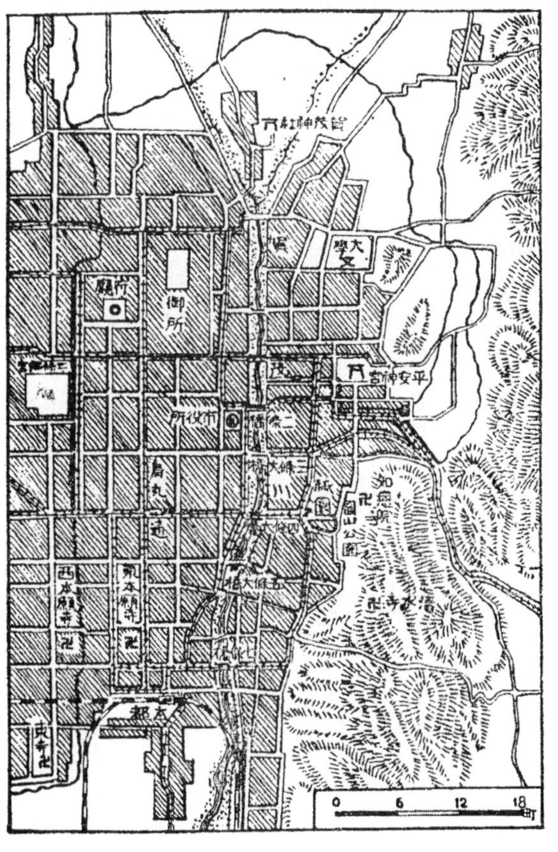

朝鮮(tyousen) 拭(nugui)	강바람은 차가웠지만 깨끗한 강물이 얼지 않고 흐르고 있는 것을 보며, 내지는 조선보다 훨씬 따뜻하다고 생각했습니다. 가모강 동쪽에서 많은 여인들이 짐을 머리에 이고 가는 것을 보았습니다. 이 여인네들은 수건을 머리에 두른 채 멜빵을 메고 넓은 앞치마를 하고 있었습니다. 

俗(zoku) 絵(e)	숙부는 “저 여인네들을 보면 조선이 떠오르지? 저 풍속은 조선에서 전해졌을지도 몰라. 여름날 아침에 예쁜 화초를 키에 담아 머리에 인 시골 여인네가 꽃을 팔고 다니는 모습은 마치 그림 같구나.” 라고 하셨습니다.

電(den) 公園(kouen) 寺(zi) 建(tate)	히가시(東)산을 도는 전차를 기온(祇園)에서 내려 마루야마(圓山) 공원부터 기요미즈(清水) 절까지 올라갔습니다. 이곳에서는 교토가 거의 한 눈에 보입니다. 동・서 혼간지(本願寺), 니조리큐(二條離宮) 등 커다란 건물이 특히 눈에 띄었습니다.

제14 만수(萬壽)

別(waka) 父母(hubo) 貧乏(binbou) 主(syu)	옛날 어느 곳에 만수라는 가엾은 아이가 있었습니다. 일찍이 부모를 여의고 집이 가난하여 어릴 적부터 남의 집살이를 하며 지게질을 하거나 물을 길거나 하며 살고 있었습니다. 만수는 착한 아이였습니다만 그 집 주인은 인정이라고는 조금도 없는 사람으로, 만수를 아침부터 밤까지 부려먹고 거기다 잔소리만 해댔습니다. 그래도 만수는 잘 참고 언제나 씩씩하게 일을 했습니다.

迎(mukae) 元(gan) 薪(maki)	그러던 중 만수는 열세 살의 봄을 맞이하게 되었습니다. 정월 초하룻날은 1년 중 가장 경사스러운 날입니다. 모두가 예쁜 옷을 입고 즐겁게 놀고 있습니다. 그러나 만수는 여느 때처럼 누더기 옷을 입은 채로 산에 땔나무를 하러 가야 했습니다.

息(iki)	산에는 온통 눈이 쌓여 있습니다. 기슭으로부터는 차가운 바람이 불어옵니다. 그 주변에는 아무도 일을 하는 사람은 없습니다. 만수는 서글퍼졌습니다. 그러나 곧바로 마음을 고쳐먹고 언 손에 입김을 불어가며 열심히 나무를 하기 시작했습니다.

匹(hiki)	그 때 뒤쪽에서 부스럭거리며 큰 소리가 났습니다. 뒤돌아보니 사슴 한 마리가 이쪽을 향해 죽어라고 달려왔습니다. 사슴은 만수를 보고 애원했습니다. 

"제발 저를 숨겨주세요. 사냥꾼이 쫓아오니까 요."

그래서 만수는 재빨리 사슴을 바위 뒤에 숨겼습니다. 거기에 사냥꾼이 왔지만 사슴이 없어서 서둘러 다른 쪽으로 갔습니다.

사슴은 바위 뒤에서 나와

"고맙습니다. 답례로 드릴 것이 있으니 저와 함께 가시지요."

라고 말했습니다.

底(soko) 消(ki)	만수는 사슴이 말하는 대로 그 뒤를 따라가 보니, 높은 바위로 둘러싸인 계곡 바닥 같은 곳으로 나왔습니다. 그곳에는 한 무더기의 풀이 무성해 있었습니다. 사슴은 만수를 향해서, "이 풀을 가지고 돌아가세요. 분명히 좋은 일이 있습니다." 라고 말하는가 싶더니 그 모습은 사라져버렸습니다.

重(omo)	만수는 이상하게 생각하면서 그 풀을 조금만 뜯어 산을 내려갔습니다. 그런데 걷고 있는 중에 풀은 점점 무거워졌습니다. 살펴보니 어느새 인삼으로 변해 있었던 것입니다. 만수는 그것을 팔아 돈을 많이 벌었습니다. 그 후로도 때때로 그 풀을 뜯어다 팔아서 마침내 큰 부자가 되었다고 합니다.

제15 설날

汲(ku) 清(kiyo) 門(kado)	오늘 아침에는 일찍 잠이 깼다. 아버지가 우물가에서 정화수를 뜨러 가셔서 나도 뒤따라갔다. 설날 장식물에 고드름이 많이 매달려 있어서 아름다웠다. 깨끗하게 쓸어낸 마당에 서리가 새하얗게 내려 있었다. 여동생 하나코가 하고이타(羽子板)[2]를 가지고 나와서 둘이 깃털공을 치고 놀았다. 

2) 모감주나무 열매에 새털을 꽂은 재기 비슷한 것을 치고 노는 전통 놀이기구

	깃털공이 빛나가 대문 위로 올라가서 난감했다.
	그러던 중에 어머니가 부르셔서 방으로 들어갔
座(za)	다. 모두가 새 옷을 입고 단정하게 떡국을 먹었다.
始(shi)	아버지와 어머니가 차례 술을 드셔서 얼굴이 불그
式(shiki)	스레해졌다.
	조금 지나 아버지는 새해 인사하러 나가셨다.
	나도 학교의 신년식에 갔다.

제16 자석

磁石(zisyaku) 釘(kugi) 鉢(hachi) 手(syu)	읍내 숙부님으로부터 새해 선물로 커다란 말굽 자석을 받았다. 쇠를 끌어당기는 힘이 세다. 어제 형이 못 상자를 화롯가에 놓고 공작을 하고 있을 때, 동생이 못 상자를 화로 안으로 엎어버려 손이 재투성이가 되어 줍기 시작했다. 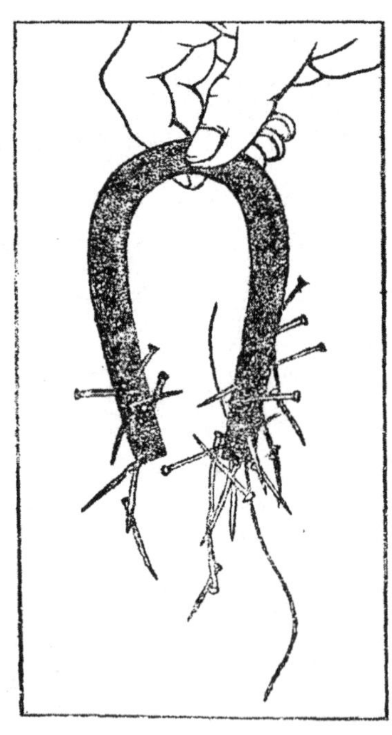

果(hata) 返(ben) 残(noko)	나는 "잠깐 기다려!"하고 자석을 가져 왔다. 그리고는 재 속을 휘저어서 들어 보니 과연 자석 끝에는 못이 가득 붙어 있었다. 두세 번 휘저었더니 못은 남김없이 건져졌고 게다가 부러진 바늘이랑 녹슨 철사까지 따라올라 왔다.

제17 야시로 마을의 학

約(yaku) 高(kou) 田(den) 家(ka)	야시로(八代) 마을은 산요(山陽)선의 시마다(島田)역으로부터 약 30리 떨어진 곳에 있습니다. 해발 394m의 높은 곳으로, 사방은 낮은 소나무 산으로 둘러싸여 있습니다. 그 분지에 무논이 사백 정(町) 정도 펼쳐져 있고, 사백 호의 인가가 산을 따라 들어서 있습니다. 이 야시로 마을은 학의 도래지로서 최근에 유명해진 곳입니다.

散步(sanpo) 群(gun) 馬(ba)	내가 야시로의 학을 보러 간 것은 작년 겨울이었습니다. 아침 일찍 논길을 산책하고 있는데, 흑두루미가 여기에 다섯 마리 저기에 일곱 마리 무리지어 있었습니다. 또 나는 왼쪽의 약간 높은 논 가운데에 있는 많은 흑두루미의 무리를 발견했습니다. 서른 너댓 마리가 모이를 먹고 있었습니다. 그곳에 짐을 실은 마차가 왔는데도, 흑두루미는 쳐다 보지도 않습니다.

마을 사람 대여섯 명이 큰 소리로 이야기 하면서 지나갔습니다만, 두루미는 태연히 모이를 먹고 있습니다. 자전거가 지나갈 때 두 세마리의 두루미가 머리를 들었을 뿐입니다. 야시로의 두루미는 사람을 조금도 두려워하지 않습니다.

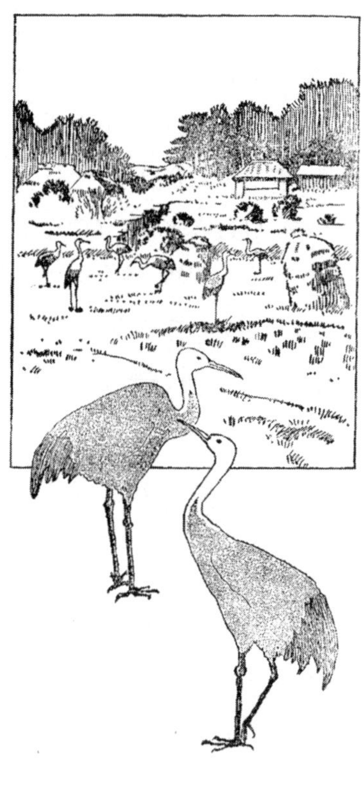

峯(mine)	두루미는 때때로 수십 마리가 무리를 지어 소리 내면서 날아오릅니다. 그리하여 산봉우리보다 높거나 낮게 하늘에 원을 그리며 날아다닙니다. 나는 이렇게 많은 두루미가 나는 것을 본 것은 처음이었습니다. 또 작은 논에 세 마리의 두루미가 있는 것을 보았습니다. 두 마리는 큰 두루미였습니다만 한 마리는 작아서 아직 깃털색갈이 갈색을 띠고 있었습니다. 어미와 새끼이겠지요.

滿洲 (mansyuu) 連(tsu)	야시로의 두루미는 시베리아, 몽고, 만주에서 조선을 거쳐 일본해를 건너 날아온다고 합니다만, 저 연약한 새끼를 데리고 긴 여행을 계속한 어미의 고생은 어땠을까요? 마을 사람들이 "이 무렵 야시로에 와 있는 두루미는 80마리정도 입니다."라고 말했습니다.

	나는 산과 바다를 넘어서 머나먼 야시로가 그리워 찾아오는 두루미를 사랑스럽게 생각했습니다. 그래서 야시로의 사람들이 정성 들여 두루미를 보호하는 아름다운 마음씨를 고귀하게 생각했습니다.

제18 편지

案(an)	선생님은 요전에 도쿄에 상경하셨습니다. 한달 정도 그쪽에 계신다고 합니다. 요즘은 어떻게 지내고 계실까요? 선생님이 떠나신 후 이곳은 추운 날씨가 계속되었습니다. 언제나 학교에서 여러 사람과 "선생님은 춥지 않으실까?"하고 걱정하고 있습니다. 선생님! 별고 없으십니까?

席(seki) 致(ita) 習(syuu) 陳(chin) 玉順(옥순)	3학년은 선생님이 떠나신 뒤로 아직 한 명도 결석을 안 합니다. 지각하는 사람도 없습니다. 읽기나 산술(算術)은 선생님이 말씀하신대로 자습을 하고 있습니다. 모두 열심히 하고있습니다. 때로는 진(陳)선생님의 말씀을 듣거나 4학년과 함께 체육을 하기도 합니다. 저희들은 선생님이 돌아오실 날을 손꼽아 기다리고 있습니다. 선물로 그곳 이야기를 많이 해 주시기를 부탁드립니다. 건강에 유의하십시오. 2월 1일 옥순 올림 최 선생님께

届(todo) 安(an)	일주일 정도 지나자 선생님으로부터 답장이 왔습니다. 편지 고맙습니다. 이쪽은 춥다고 해도 대단치는 않습니다. 저는 감기 한 번 걸리지 않고 매일같이 여러 학교를 돌아보거나 강연을 듣기도 하고 있으므로 안심하십시오.

<table>
<tr><td>小(shou)</td><td>저는 도쿄의 초등학생들이 활발하게 뛰어노는 것을 보고 감탄했습니다. 여러분에게 들려주고 싶은 이야기도 많이 있습니다.
도쿄에 와서 아직 보름밖에 지나지 않았습니다만 꽤 여러 날 지난 듯한 생각이 듭니다. 때로는 빨리 돌아가서 여러분들과 놀고 싶다는 생각을 할 때가 있습니다. 17, 8일 경에는 돌아갈 생각입니다. 모두에게 안부 전해 주세요.
2월 4일
최
옥순 님에게</td></tr>
</table>

	저는 이 답장을 받고 얼마나 기뻐했는지 모릅니다. 다음 날 학교에 가지고 가서 모두에게 보여주었습니다.

제19 기원절(紀元節)

紀(ki) 節(setsu) 皇(nou) 位(i) 族(zoku)	2월 11일은 기원절입니다. 이날은 진무(神武)천황이 나라 안의 나쁜 무리들을 무찌르시고 천황으로 즉위하신 날에 해당합니다. 진무천황은 처음에 휴가(日向) 지방에 계셨습니다만, 동쪽 여러 지방이 아직 제대로 평정이 되지 않았다는 말을 들으시고 일족과 배를 타고 정벌하러 나아가셨습니다.

규슈에서 해안을 따라 동쪽으로 나아가셨습니다. 일단 나니와(浪速)[3]에 상륙하신 뒤 야마토(大和)[4]에 들어가려고 하시자 우두머리 스네히코(骨迶彦)가 저항해서 길을 바꾸어 남쪽으로부터 나아가셨습니다.

가시는 길에 겪으신 고생은 이루 말할 수 없었습니다. 겨우 야마토에 도착하시자, 우두머리 스네히코가 다시 저항을 하였습니다. 이 때 하늘이 갑자기 흐려져 우박이 심하게 내리더니 금색 솔개가 한 마리 날아와 천황의 활 끝에 앉았습니다.

3) 오사카(大阪) 지방의 옛일컬음.
4) 나라(奈良) 지역의 옛일컬음.

逃(ni)	솔개에서 나는 빛이 마치 번개와 같아, 나쁜 무리들은 눈을 뜨고 있을 수가 없어서 겁을 먹고 모두가 도망쳐 버렸다고 합니다. 

定(tei) 卽(soku) 旗(ki)	천황은 나쁜 무리들을 멸해 버리셨습니다. 야마토가 평정되었으므로 즉위식을 거행하셨습니다. 그로부터 지금까지 2500여 년이 됩니다. 이날은 우리들이 잊어서는 안 되는 날이므로 학교에서는 식을 올리고 모든 집에서는 국기를 게양하여 축하를 하는 것입니다.

제20 꿩 사냥꾼 할아버지

꿩 사냥꾼 할아버지 꿩은 잡지 않고
언제나 풀이 죽어 힘 없이 내려왔네.
산에서 힘없이 내려왔다네.

꿩 사냥꾼 할아버지 꿩을 보면은,
까투리는 불쌍하고 장끼는 예쁘구나.
새끼 꿩 불쌍해서 쏠 수 없구나.

꿩 사냥꾼 할아버지 꿩은 잡지 않고
계곡 바닥에만 쏘고 왔다네.
푸른 하늘에만 쏘고 왔다네.

제21 인자한 스님

行(kou) 佛(butsu) 押(o) 枕(makura) 刀(katana)	만코지(萬行寺) 절의 불은 꺼져 있다. 스님은 벌써 잠들었는지 염불 소리도 들리지 않는다. 어느새 숨어들어 왔는지 마당의 어둠 속에서 덩치 큰 남자가 나타났다. 그리고는 문을 따고 안으로 침입했다. "일어나 돈 내." 스님은 잠이 깼다. 배겟머리에는 칼을 든 남자가 서 있다.

法(hou)	스님은 조용히 일어나 자세를 가다듬고 "돈은 내주겠다만 남의 집에 처음 와서 칼을 빼들고 인사하는 법이 있어?" 라고 했다. 도둑은 칼을 칼집에 넣었다. 스님은 앞서서 안방으로 들어갔다. 그리고는 옷장을 가리키며 "이 안에 돈이 들어 있어. 필요한 만큼 가져가면 돼!"

返(kae)	도둑은 옷장의 돈을 몽땅 가지고 도망가려고 했다. 스님은 “잠깐 기다려. 그 중에 내일 갚아야 하는 돈이 들어 있어. 그 것만은 남겨 둬.” 도둑은 스님이 말한 만큼의 돈을 남겨놓고 밖으로 나가려 했다. 이 때 스님은 “남에게 은혜를 입었으면 인사 한마디쯤은 하는 게 좋잖아! 

弟子(deshi) 得(e)	남의 것을 빼앗아 그 날 그 날을 살려고 생각하는 것은 한심스런 일이야. 빨리 제정신을 차리도록 해라." 하고 제자의 잘못을 타이르듯 친절하게 말해 주었다. 도둑은 머리를 숙이고 듣고 있다가 정중하게 절을 하고는 돈을 가지고 가 버렸다.

答(kota) 目(moku) 改(kai) 殘(zan)	그 후 관가에서 스님에게 출두요구가 와서 가보니 "만코지 절에 도둑이 든 적이 있는가?"라는 질문을 했다. 스님은 "전혀 기억이 없습니다."라고 대답했지만, 관리는 도둑을 대면시키며 "이 자를 본 적은 없는가?"라고 말했다. 도둑은 "면목 없습니다. 그날 밤에 고마운 가르침을 받았습니다만 회개하지 못한 것을 유감스럽게 생각합니다. 비록 스님께서 '기억이 없다'고 말씀하시더라도 저는 분명히 도둑질을 했습니다."

라고 말했다. 스님은 물끄러미 그의 얼굴을 들여다보더니 "이런 참 너는 기억력이 안좋은 녀석이로구나. 그날 밤 내가 돈을 주니까 정중히 절을 하고 돌아갔지 않느냐?"라고 했다.

도둑의 눈에는 눈물이 흘러넘치고 있었다.

제22 코끼리

象(zou) 丈(jou) 鼻(hana) 口(kou)	곡예단 천막에서 코끼리를 보았다. 우선 몸집이 큰 것에 놀랐다. 키는 3미터쯤 되었다. 자유롭게 움직일 수 있는 긴 코, 키처럼 생긴 귀, 긴 이빨, 작은 눈, 그리고 굵은 다리, 가느다란 꼬리, 모든 것이 그림에서 본 대로였다. 조련사가 코끼리 위에 타고 소개를 마치고는 나팔을 불게 하기도 하고 바둑판 위에 올라서게도 했다.

桶(oke) 腕(ude)	코끼리가 큰 통을 코로 머리 위에 감아올리자 타고 있던 조련사는 그 통 속에 들어가 웅크리고 앉았다. 코끼리가 그것을 땅에 내려놓자 조련사가 통 속에서 벌떡 일어났다. 모두 박수를 치며 갈채를 보냈다. 코끼리의 코는 손 역할을 하는 것으로 실로 힘이 있다. 

이빨은 조련사의 팔보다 굵었다. 내 또래 아이들이 나와서 코끼리의 앞발을 끌어안아 보였다. 아이들 손이 겨우 닿았다.

조련사가

“이 굵은 다리로 성큼성큼 걷습니다.”하고 말하자, 긴 코를 흔들거리며 걷기 시작했다. 왠지 지진이라도 난 듯 한 느낌이 들었다. 또

“보시는 바와 같이 큰 체구이지만 마음은 아주 부드럽습니다.

	길들여지면 애들을 보기도 합니다. 인도라는 나라는 매우 덥기 때문에 어린이들은 코끼리의 배 밑에서 낮잠을 잔다고 합니다."
守(mori) 印(in)	라고 말하자, 조금 전의 어린이가 코끼리 배 밑에 누웠다. 그러자 코끼리는 코로 그 곳에 있는 부채를 들어 어린이 얼굴에 부치기 시작했다. 그 때 "큰 애기 보기네!"라고 누군가가 말하여 모두가 일제히 웃음을 터뜨렸다.

제23 기차 안

汽(ki) 乘(jou) 窓(mado) 每(goto) 止(to) 豆(mame)	어느 일요일 오후 나는 기차를 탔다. 승객은 나 외에 너댓명의 부인과 세 사람의 사내아이를 동반한 그 아버지뿐이었다. 좌석이 넓어서 승차감이 좋았다. 그런데 조금 지나자 세 명의 어린이가 떠들기 시작했다. 이 쪽 창가로 왔다가 저 쪽 창가로 갔다가하며 기차가 멈출 때마다 내렸다 탔다 했다. 참으로 시끄러웠다. 그러나 그 아버지는 이를 말리려고도 하지 않았다. 잠시 후 아버지는 땅콩봉지를 애들에게 주었다.

袋(hukuro) 投(na) 者(sya)	아이들이 처음에는 껍질을 까서 말 없이 먹고 있었지만 그것도 심심해졌는지 땅콩 껍질던지기를 시작했다. 동승한 사람들의 불편은 이만저만이 아니다. 차 안은 순식간에 쓰레기통처럼 되었다. 그러나 그 아버지는 이를 제지하려고도 하지 않았다.

汁(shiru) 散(chi) 快(kai)	아버지는 또 다시 밀감을 바구니째 주었다. 아이들은 바로 껍질을 벗겨 던지기 시작했다. 그리고 단물을 빨아 먹고는 찌꺼기를 그 부근에 내뱉었다. 아버지는 이를 말리려고도 하지 않았다. 나는 차 안에서의 몇 시간을 불쾌하게 보냈다.

第24 걱정

<table>
<tr>
<td>末(sue)</td>
<td>

아버지는 지난 달말부터 평안북도에 가셨습니다. 집을 보는 사람은 어머니와 저와 가정부 뿐이어서 대단히 적적합니다.

어제는 아버지가 돌아오시는 날이었습니다. 나는 학교에서 돌아 온 후에도 놀러 나가지 않고 기다리고 있었습니다. 그러나 아무리 기다려도 돌아오시지 않습니다. 나는 어머니와 "눈이 와서 기차가 연착된 모양이예요."
라고 이야기했습니다.

</td>
</tr>
</table>

床(toko)	시계가 10시를 알렸을 때 어머니가 "그만 자거라. 오늘밤은 돌아오시지 않을 모양이다." 라고 말씀하셔서 나는 잠자리에 들었습니다. 다음날 아침에 잠이 깨자 어머니에게 "아버지는 돌아오셨어요?" "아니." "어떻게 되셨을까?" "어떻게 되신 걸까요?"

靴(kutsu)	어머니가 걱정스러운 얼굴을 하고 계셨으므로 나는 대화를 멈췄습니다. 학교에 가서도 아버지가 걱정이 돼서 견딜 수가 없었습니다. 방과 후 집에 돌아오니 디딤돌 위에 아버지의 구두가 놓여 있었습니다. 나는 곧장 아버지가 계시는 거실로 달려가서 "아버지 잘 다녀오셨어요. 어제부터 어머니와 기다리고 있었습니다." 라고 말씀 드리자,

報(hou) 始(haji)	"일이 끝나지 않아 하루 연기 되었는데, 산 중이라 전보를 칠 수도 없었구나."라고 말씀하셨습니다. 이것은 내가 태어나 처음으로 한 걱정이었습니다.

제25 절약

나는 글쓰기나 맞춤법 때 조금 마음에 안 들면 바로 다시 쓰는 버릇이 있습니다만, 옥순이는 한 번도 그렇게 한 적이 없습니다. 얼마 전 옥순이에게,

"너는 다시 쓰고 싶지 않아?"라고 물었더니,

"잘 되었든 못되었든 열심히 쓴 것이므로 어쩔 수 없습니다."

라고 말했습니다.

習(narai)	옥순이는 글쓰기 용지에 한 자라도 쓸 공간이 있으면 그곳에 꼭 연습을 합니다. 어제 맞춤법 시간에 옥순이는 두 번째 장의 용지에 단 한 줄만 썼습니다. 내가, “아깝지 않아?”라고 하자 “이건 낭비하는 것과는 달라.”라고 말했습니다. 나는 언제든지 옥순이가 하는 것이 진정한 절약일거라고 생각합니다.

제26 은혜 모르는 호랑이

落(oto) 恩(on)	호랑이가 함정에 빠졌습니다. 나오려고 발버둥을 쳐도 아무리 해도 나올 수가 없습니다. 호랑이는 함정 안에서 죽음을 기다리는 수밖에 없었습니다. 그곳을 나그네가 우연히 지나갔습니다. 호랑이는 함정 안에서 처량한 목소리를 내며, "여보세요, 부디 저를 구해내 주세요. 은혜는 결코 잊지 않겠습니다." 라고 말했습니다.

食(ku)	나그네는 불쌍히 여겨 호랑이를 구해 주었습니다. 나그네는 호랑이가 필시 기뻐하겠지 하고 생각하고 있는데, 호랑이는 한마디의 고맙다는 인사도 없이 나그네에게 달려들어 잡아먹으려고 했습니다. 나그네는 깜짝 놀라, "그래서는 너무나 배은망덕한 짓이야. 너는 금방 나에게 구조된 사실을 벌써 잊어버렸단 말이냐?"라고 말했습니다. 호랑이는

間(gen)	"아냐, 잊지는 않아. 그렇지만 나를 이렇게 비참하게 만든 것은 인간이야. 인간은 모두 우리들의 적이야. 너도 각오하는 게 좋을거야."라고 으르렁거렸습니다. 그래서 나그네는 말했습니다. "과연 그렇겠군, 네가 말하는 것도 지당한 것 같아. 그렇다면 어느 쪽의 말이 맞는지 누군가에게 들어 보기로 하자!"

悪(waru) 乳(chichi)	나그네와 호랑이는 소가 있는 곳으로 가서 이 사연을 이야기 했습니다. 소는, "인간이 나빠. 인간은 우리들에게 무거운 짐을 지우고 무거운 수레를 끌게 하는 등 우리를 심하게 혹사시키지. 그뿐만이 아니라 우리들의 젖을 짜내거나 죽여서 고기를 먹기도 해. 인간이 호랑이에게 잡혀 먹히는 것쯤은 당연한 것이지." 라고 말했습니다.

<table>
<tr>
<td>味(mi)</td>
<td>
그래서 호랑이가 또 덤벼들려고 하자, 나그네는,
“기다려, 기다려. 소나무에게도 물어 보자”
하고는 소나무가 있는 곳으로 갔습니다. 그런데 소나무도 소와 마찬가지로
“인간만큼 제멋대로인 것은 없어.”
라 하며 호랑이 편을 들었습니다.

</td>
</tr>
</table>

得意(tokui)	호랑이는 점점 의기양양해서 "누구에게 물어 본들 이대로야. 이제 할 말은 없겠지?" 하며 이를 갈며 덤벼왔습니다. 나그네는 어떻게 할까하고 생각했지만, "잠깐, 잠깐. 만약을 위해 한 번 더 여우에게 물어보자. 만일 여우가 소나 소나무와 똑같이 말한다면 하는 수 없지.

	나도 인간이야. 구해준 너에게 잡아먹힐게."라고 말했습니다.
	나그네와 호랑이는 다시 여우가 있는 곳으로 갔
狐(kitsune)	습니다. 여우는 이야기를 잘 듣고,
君(kun)	"그럼 내가 바른 판정을 내리지. 그 전에 나는 호랑이 네가 어떤 식으로 함정에 빠져 있었던 가를 보고 싶구나."
	라고 말했습니다.

호랑이는 여우의 기색을 보고 여우도 틀림없이 자기편을 들어줄 거라고 생각했기 때문에 함정이 있는 곳에 가서 기세 좋게 뛰어들어 보였습니다.

그러자 여우는 나그네를 향하여 말했습니다.

"애당초 당신이 호랑이를 도왔기 때문에 이런 귀찮은 일이 생긴 것이오. 호랑이를 저대로 내버려두면 되었던 것이오."

그리고는 호랑이를 향해

"그렇게 있으면 누구에게 물어보지 않아도 올바른 것을 저절로 알게 돼."라고 말했습니다.

나그네와 여우는 가버렸습니다. 호랑이는 다시 함정 안을 미쳐 날뛰었습니다만, 이젠 아무도 도와주지는 않았습니다.

끝

다이쇼 12년(1923) 9월 17일 번각인쇄
다이쇼 12년(1923) 9월 20일 번각발행 정가 금17전

조선총독부

조선서적인쇄주식회사

大正十二年九月十七日翻刻印刷
大正十二年九月二十日翻刻發行

普國 六

定價金十七錢

著作兼發行者 朝鮮總督府

京城府元町三丁目一番地
翻刻發行兼印刷者 朝鮮書籍印刷株式會社
代表者 伊東猛雄

京城府元町三丁目一番地
販賣所 朝鮮書籍印刷株式會社

▸ 찾아보기

역자소개

김순전 金順槙

소속 : 전남대 일문과 교수, 한일비교문학·일본근대문학 전공

대표업적 : ① 저서 :『韓日 近代小說의 比較文學的 硏究』, 태학사, 1998년 10월

② 저서 :『일본의 사회와 문화』, 2006년 9월, 제이앤씨

③ 편저서 : 일제강점기 조선총독부 편찬『초등학교 唱歌 교과서』 대조번역, 상·중·하 3권, 2013년 8월, 제이앤씨

박장경 朴長庚

소속 : 전주대 일본언어문화학과 교수, 일본어학 전공

대표업적 : ① 논문 :「한일 양언어의 주명사『가능성(可能性)』에 대한 고찰」,『日本語文學』第51輯, 韓國日本語文學會, 2011년 12월

② 저서 :『日本語의 連体修飾構文에 關한 硏究』, 제이앤씨, 2005년 8월

③ 역서 :『日本語의 構文과 意味 Ⅰ』, 法文社, 1988년 10월(공역)

김현석 金鉉煬

소속 : 광주대 일본어학과 교수, 일본고대문학 전공

대표업적 : ①논문 :「三國史記와 日本書紀의 천변지이 기사의 비교 고찰」,『일본어문학』 11집, 한국일본어문학회, 2001년 9월

②논문 :「記紀神話에 나타난 재앙신과 제사」,『일본어문학』 13집, 한국일본어문학회, 2002년 6월

③역서 :『일본대표단편선 1~3권』, 고려원, 1996년 9월(공역)

조선총독부 편찬 (1923~1924)

『普通學校國語讀本』 第二期 한글번역 ❷ (3학년용)

초판인쇄 2014년 5월 29일
초판발행 2014년 6월 7일

역 자 김순전 · 박장경 · 김현석
발 행 인 윤석현
발 행 처 제이앤씨
등록번호 제7-220호
책임편집 김선은
마 케 팅 권석동

우편주소 132-702 서울시 도봉구 창동 624-1 북한산현대홈시티 102-1106
대표전화 (02) 992-3253(대)
전 송 (02) 991-1285
홈페이지 www.jncbms.co.kr
전자우편 jncbook@hanmail.net

ISBN 978-89-5668-427-7 94190 **정가** 16,000원
978-89-5668-429-1 (전5권)